안녕,
내 이름은
유튜브!

안녕, 내 이름은

알고 할래, 그냥 할래?

유튜브!

LIVE
STREAMING

Youtuber

금준경
지음

더 이상 선택 아닌 유튜브, 남김없이 활용하는 꿀팁

북트리거

유튜브에도
사용 설명서가 필요해!

전자 제품을 사면 항상 설명서가 함께 들어 있지? 설명서를 보지 않으면 제대로 설치하거나 이용할 수 없을 때가 많아. 평소에 그 제품을 이용하면서도 종종 설명서를 꺼내서 읽어 볼 일이 생겨. 제품이 고장 나기도 하고, 예상치 못한 상황이 벌어지기도 하니까 말이야. 그럴 때마다 설명서를 보면서 작동 원리와 다양한 기능을 다시 이해하게 되지.

난 얼마 전 스마트폰을 사고 나서 설명서는 보지 않았는데, 화면을 캡처할 일이 생겼을 때 설명서를 찾아 읽게 됐어. 한번 읽어 보고 나니 캡처는 물론이고 사진에 다양한 효과를 넣는 방법이 있다는 사실도 알게 돼서 훨씬 더 유용하게 쓰고 있지.

요즘 우리 삶과 가장 가까운 미디어인 유튜브를 이용하면서도 설명이 필요할 때가 있지? 매일 유튜브에 접속하는 이용자 입장에서, 유튜브가 어떤 원리로 영상을 추천하는지, 어떤 채널을 봐야 유익한지 알고 싶어도 명확한 답을 찾기는 힘들어. 게다가 요즘은 유튜브 크리에이터를 꿈꾸는 청소년이 많잖아. 어떻게 유튜브 채널을 개설하고 운영해야 하는지, 유튜브를 통해 어떻게 사람들을 모으고 수익을 낼 수 있는지, 내 영상에 왜 광고 수익이 제한되는 '노란딱지'가 붙었는지 궁금할 때가 있을 거야.

　유튜브는 기계처럼 '고장'을 일으키진 않지만, 고장 난 기계보다 더 크게 우리에게 피해를 줄 때가 있어. 솔직한 제품 리뷰인 줄 알았는데 실은 돈을 받고 만든 '뒷광고'였거나, '가짜 뉴스'라고 불리는 허위 정보, 그리고 조회 수를 얻기 위해 선을 넘는 '어그로' 영상 들이었던 경우가 정말 많지. 왜 이런 문제가 불거지는지, 이런 콘텐츠를 어떻게 평가해야 할지 제대로 알려 줄 설명서가 필요해.

　『안녕, 내 이름은 유튜브!』는 우리가 매일 접속하고 있지만 어쩌면 잘 알지는 못하는 유튜브에 대한 설명서와 같은 책이야. 유튜브를 포함해서 모든 미디어는 우리에게 즐거움과 유익한 정보를 주기 위해 존재하는 거잖아. 이 책을 통해 우리를 마음껏 휘두

르고 때로 피해를 주는 유튜브가 아니라, 우리 스스로 유용하고
즐겁게 이용할 수 있는 유튜브를 만들어 가기를 바랄게!

2021년 봄,

금준경

CONTENTS ◦

3장 ▶

내가 즐거울 때
남도 즐거우려면

1장

유튜브의 주인공,
바로 우리!

유튜브에 내가 나왔으면 정말 좋겠네

TV의 자리를 넘보는 유튜브

"텔레비전에 내가 나왔으면 정말 좋겠네, 정말 좋겠네." 혹시 이 동요 들어 본 적 있어? 나는 어렸을 때 이 노래를 얼마나 많이 부르고 들었는지 지금도 멜로디와 가사가 기억날 정도야. 이 노래의 가사를 보면 그 당시 TV가 어느 정도로 큰 영향력을 갖고 있었는지 알 수 있어. 과거에는 TV 방송사도 많지 않고 인터넷 방송도 없었기 때문에 지금보다 TV의 힘이 훨씬 막강했어. 당연히 TV에 출연하는 사람들은 엄청 위대하고 남부러울 게 없어 보였지.

그런데 이제는 이 노래의 의미가 예전만큼 와닿지는 않는 것 같아. 언젠가는 이 가사의 의미를 아예 이해하지 못하는 세대가 나타날지도 모르겠어. 물론 TV는 예나 지금이나 막강한 미디어 이긴 해. 하지만 엄청난 성장 속도로 그 자리를 넘보기 시작한 새로운 미디어가 있어. 바로 '인터넷 방송'이 그 주인공이야. 수많은 인터넷 방송 서비스 중에서도 특히 '유튜브 YouTube'가 전 세계인의 뜨거운 사랑을 받고 있지. 그렇다 보니 전에는 TV에 나오는 것만으로도 부족할 게 없었던 연예인들, 그리고 방송사들까지 이제 유튜브에 도전장을 내밀고 있어. 동요 가사를 "유튜브에 내가 나왔으면 정말 좋겠네."로 바꿔 불러야 할지도 모르겠어.

시청자를 따라 유튜브에 뛰어든 방송사들

'웹예능'이라는 장르를 들어 본 적 있어? 방송사에서 만든 예능 콘텐츠를 TV가 아닌 유튜브 등 인터넷 공간에 방영하는 걸 말해. 방송인 박준형이 진행하는 〈와썹맨〉은 JTBC에서 만들었는데, 방송사 웹예능 콘텐츠 유튜브 채널 가운데 처음으로 구독자

100만 명을 돌파하며 주목을 받았어. 이어 JTBC는 장성규 아나운서가 진행하는 〈워크맨〉을 제작해 성공시키기도 했지. 그러자 다른 방송사들도 웹예능에 뛰어들기 시작했어. KBS가 김구라의 토크 예능 콘텐츠 〈구라철〉을 런칭한 것처럼 말이야. 기존 연예인이 아닌 EBS의 캐릭터 펭수가 등장하는 〈자이언트펭TV〉가 선풍적인 인기를 끌기도 했지.

방송사에서 왜 TV가 아닌 유튜브에 올리는 콘텐츠를 만들기 시작한 걸까? 바로 시청자들이 TV를 떠나가고 있기 때문이야. 사실 여러분의 부모님이 어릴 때만 해도 '본방 사수'(방송을 재방송이 아닌 실시간으로 시청하는 일)를 하지 않으면 그 프로그램을 다시는 볼 수 없었어. 그러다 인터넷이 등장하고 나서 언제든 영상을 다시 볼 수 있게 됐고, 요즘은 오히려 인터넷 방송이 대세가 되면서 TV를 보지 않는 사람들이 점점 늘어났어. 30년 전에는 시청률 50%를 기록하는 드라마가 심심치 않게 나왔는데, 요즘은 10%만 넘어도 큰 성공이라고 하지.

인터넷 콘텐츠를 만들면 '심의'가 덜 까다롭기 때문에 자유로운 표현이 가능하다는 이점도 있어. MBC, KBS, SBS 같은 지상파 방송에서는 출연자가 몸에 문신을 한 모습조차 내보낼 수 없어서 패드를 부착하거나 모자이크를 하기도 해. 반면에 유튜브는 법적으로는 방송이 아니기 때문에 방송 심의 규제를 받지 않아서 더 자유로운 표현이 가능하지. 〈와썹맨〉에서 박준형이 음식의 맛을 표현할 때 비속어를 섞어 가면서 편하게 말할 수 있는 것처럼 말이야.

그리고 유튜브는 방송 광고 규제도 받지 않아서 직접적으로 광고를 해도 표시만 제대로 하면 큰 문제가 없어. 방송에서는 간접광고를 할 수는 있지만 지나치게 광고 효과를 주면 방송통신심의위원회의 제재를 받거든. 반면 유튜브는 특정 기업에서 아르바이트를 하고, 특정 브랜드 이름을 퀴즈로 내도 아무런 문제가 없지. 유튜브 전용으로 제작된 나영석 PD의 〈신서유기〉 시리즈에서는 아예 라면 상표명 많이 말하기 퀴즈를 내기도 했을 정도야. 광고주 입장에서는 TV 방송보다 더욱 적극적인 협찬과 광고가 가능하다는 점에서 유튜브를 주목하지 않을 수 없지.

게다가 유튜브는 방송과 달리 시간 제약이 없어. 그렇다 보니 TV 예능과 유튜브를 병행하면서 TV에서 시간상 미처 보여 주지 못한 영상을 유튜브로 보여 주는 경우도 많지. 코미디TV의 〈맛있는 녀석들〉은 유튜브를 가장 잘 활용하는 프로그램 중 하나야. '한입만' 먹방 모음, 찌개 먹방 모음, 상황극 모음 등 방송 콘텐츠를 재가공해 올리기도 하고, 현장에 유튜브 전용 카메라를 배치해서 방송에 나가지 않는 미공개 영상을 제작해 올리기도 해. JTBC의 예능 프로그램 〈아는 형님〉은 강호동이 춤을 배우는 콘셉트의 '방과 후 활동' 콘텐츠를 제작했는데, TV에는 5분 분량으로 짧게 방영하지만 유튜브에는 15분 분량으로 공개해 인기를 끌기도 했어. Mnet의 힙합 오디션 프로그램 〈쇼미더머니〉는 방송에 미처 나가지 못한 참가자들의 랩 전체 영상을 유튜브에서 찾아 들을 수 있게 했지.

연예인이 왜 유튜버가 될까?

이렇게 방송사에서 TV가 아닌 유튜브용 콘텐츠를 만드는 점도 인상적이지만, 이제는 연예인들이 자발적으로 유튜브에 개인 채널을 만들고 콘텐츠를 제작하는 모습도 낯설지 않아.

TV에 나오던 유명한 사람들이 왜 유튜브에 도전하고 있는 걸까? 2020년 아이지에이웍스라는 빅데이터 업체가 사람들이 스마트폰에서 가장 많이 쓰는 애플리케이션을 조사해 공개했어. 그 결과 모든 세대에서 유튜브를 가장 많이 이용하는 것으로 나타났어. 그중에서도 여러분과 같은 10대의 경우, 1인당 평균 한 달에 45시간 30분 사용으로 유튜브가 압도적인 1위를 차지했지.

물론 단지 이용자가 많다는 이유만으로 연예인들이 너도나도 유튜브 콘텐츠를 만들려고 하는 건 아닐 거야. 유튜브가 지닌 특성 가운데 TV의 한계를 뛰어넘는 면을 주목할 필요가 있어. 우선 앞서 말했듯이 유튜브는 콘텐츠를 만드는 데 분량 제한이 없고 어떤 내용이든 자유롭게 표현할 수 있다는 특징이 있지. 이와 달리 TV 프로그램은 정해진 분량과 형식 내에서 프로그램을 만들어야 하기 때문에 까다로운 편집 과정을 거치게 돼. 내가 좋아하는 연예인이 예능 프로그램에 나온다고 해서 찾아봤는데 생각보다 분량이 적어서 아쉬워한 기억이 다들 있을 거야. 제작진과 방송사의 판단에 의해 어떤 내용은 방송에 나오고 어떤 내용은 편집되는 거지. 연예인 입장에서도 자신이 하고 싶은 얘기를 충분히 하지 못하니 아쉬웠을 거야. 하지만 이제 유튜브를 통해서라면 무엇이든 이야기할 수 있고, 자신의 끼를 마음껏 보여 줄 수 있지.

한편 유튜브는 시청자들과 수시로, 그리고 적극적으로 소통할 수 있다는 점에서도 TV와 차이가 있어. TV를 볼 때는 화면에 나오는 내용을 그저 보고만 있어야 하잖아. 이런 미디어를 '단방향 미디어'라고 하는데, 이와 달리 유튜브는 이용자들이 댓글을 달 수도 있고 실시간으로 채팅을 할 수도 있는 '쌍방향 미디어'라는 강점이 있어. 유튜버들은 우리가 남긴 댓글에 답글을 달아 주거나 '댓글 읽기' 콘텐츠를 통해 시청자들이 궁금해하는 내용을 해소해 주기도 하고, 때로는 라이브 방송을 통해 즉석에서 소통하기도 하지.

유튜브는 구독 시스템을 바탕으로 하기 때문에, 팬들은 자신

이 좋아하는 연예인의 콘텐츠를 적극적으로 받아 볼 수 있고 연예인 입장에서도 팬들과 긴밀하게 소통할 수 있다는 장점이 있어. TV를 중심으로 활동할 때 연예인들은 앨범 활동 기간이 끝나거나 영화나 드라마 작품에 출연하지 않는 동안에는 팬들과 자주 만날 수 없었는데 유튜브 덕분에 더 이상 그렇지 않은 거지.

연예인들이 유튜브를 통해 자신을 적극적으로 홍보하고 그에 따른 수익을 얻을 수 있다는 점도 큰 장점이야. 조회 수가 높은 콘텐츠를 통해 광고 수익을 얻기도 하고, 이 외에 유튜브 콘텐츠를 통해 TV 연예계 활동까지 넓히기도 해. 그 예로 코미디언 송은이가 제작했던 음식 추천 유튜브 웹예능 〈밥블레스유〉처럼,

유튜브 콘텐츠가 TV 프로그램으로 정식 편성되는 일도 늘어나고 있어.

또 케이팝 가수들이나 연예 기획사에서 운영하는 유튜브 채널이 우리나라뿐 아니라 해외 구독자들에게도 닿아 해외 팬을 늘리는 효과를 거두기도 하고, 이를 통해 자연스럽게 해외 진출도 할 수 있어. 가수 싸이의 노래 〈강남 스타일〉은 유튜브 덕에 전 세계에 싸이와 서울 강남 지역을 알렸지. 방탄소년단과 블랙핑크가 세계적으로 사랑받게 된 계기 역시 유튜브를 통한 활동이었어. 최근 코로나19 바이러스로 연예인들의 해외 활동이 힘들어지면서 유튜브 등 인터넷 콘서트를 통해 케이팝이 큰 사랑을 받고 있기도 해.

특히 블랙핑크의 활동이 독보적인데, 전 세계적으로 무려 5,000만 명이 넘는 구독자 수를 자랑해. 블랙핑크의 〈하우 유 라이크 댓〉 유튜브 뮤직비디오는 공개 첫날 조회 수가 8,630만 회를 기록해서 '공개 24시간 내 유튜브 동영상 최다 조회 수' 세계 신기록을 기록하기도 했어. 이와 더불어 '공개 24시간 내 유튜브 뮤직비디오 최다 조회 수', '공개 24시간 내 K-팝 그룹 뮤직비디오 최다 조회 수' 부문 기네스 기록까지 갈아 치웠지.

무명 코미디언이 '초통령'이 되는 무대

이렇듯 유튜브는 편집 걱정 없이 어떤 내용이든 자유롭게 표현할 수 있고, 팬들과 적극적으로 소통하며, 국경을 뛰어넘는 활동을 할 수 있다는 점에서 연예인들에게 상당히 매력적인 매체야. 어떤 연예인들이 유튜브에서 새롭게 활약하고 있는지 살펴볼까?

"브라운관에서 비춰지지 않는 인간적이고 친근한 모습을 보여 주는 채널, 특별한 콘텐츠 없이 그냥 한예슬이라는 사람을 알아 가는 채널이 될 거예요." 배우 한예슬이 유튜브를 시작할 때 자신의 채널을 소개하며 했던 말이야. 역시 현재 유튜브 채널을 운영하고 있는 배우 이하늬도 비슷한 말을 했어. "삶에 대한 생각, 취미나 습관, 즐겨 먹는 음식이나 입는 옷 등 모든 관심사들을 나누고 얘기했으면 좋겠어요."

연예인들의 유튜브 채널을 보면 대기실에서 다른 배우들과 수다를 떠는 모습, 연말 시상식에서 입을 드레스를 하나하나 입어 보면서 고민하는 모습, 산책하거나 여행하는 모습 등을 엿볼 수 있어. 가공된 드라마나 영화 속 장면이 아닌 그들의 실제 생활을 만나 볼 수 있는 거야.

TV에서보다 오히려 유튜브에서 알려지며 새로운 기회를 만드는 연예인들도 있어. 다들 〈흔한 남매〉 채널을 들어 본 적 있지? 실제 남매는 아니고 개그맨 동료이자 연인인 장다운, 한으뜸이 운영하는 채널이야. '흔한 남매'는 두 사람이 SBS 코미디 프로그램 〈웃음을 찾는 사람들(웃찾사)〉에서 선보였던 코너 이름이기도 해. 그런데 이제 TV에서는 '흔한 남매'를 찾아볼 수 없게 됐어. 프로그램이 폐지됐기 때문이야. 하루아침에 설 수 있는 무대가 없어져 힘들어하던 이들은 개그를 하고 싶은 간절한 마음에 유튜브로 무대를 옮겨서 콘텐츠를 만들게 됐다고 해. 처음에는 보는 사람이 많지 않았지만 꾸준히 콘텐츠를 만든 결과, 지금은 150만 명이 넘는 구독자를 모으게 됐지. 이들은 '초통령'이라고 불릴 만큼 특히 초등학생들에게 큰 사랑을 받고 있고, 이제는 오히려 TV 방송에서 섭외가 들어온다고 해.

요즘은 유튜브의 영향으로 연예계 환경 자체가 변화하고 있어. 예를 들어 여러 방면에서 활약하는 엔터테이너 유병재는 연예인인지 유튜버인지 경계가 모호할 정도야. TV 방송에는 주로 예능 프로그램의 출연자로 나오지만, 유튜브에서는 직접 각본을 짜서 상황극 콘텐츠를 제작하는 PD 역할도 하고 있지. 유병재는 이전에 연예 기획사에 소속되어 있었지만 지금은 MCN 회사와 계약해 활동하고 있어. 'MCN_{Multi Channel Network}'은 다중 채널 네트워크라는 뜻으로, 유튜브 등 인터넷 방송계의 연예 기획사 같은 개념이라고 보면 돼. MCN 계약은 점점 늘어날 테니 앞으로는 연예 기획사와 아예 같은 의미로 쓰일지도 모르겠어.

오늘날 연예인들에게 유튜브는 TV의 부족한 면을 채워 주는 좋은 소통 창구가 됐어. TV에서는 활약이 크게 도드라지지 않았던 이들도 새롭게 기회를 얻어 유명세를 떨칠 수 있게 됐지. 팬들의 입장에서도 유튜브에 진출하는 연예인들이 많아진다는 건 좋은 일이라고 봐. 내가 좋아하는 연예인을 언제 어디서든 만날 수 있고, 소통하면서 더 가까워지는 기분을 느낄 수 있으니까. 이 글을 읽고 나면 내가 좋아하는 연예인이 지금 유튜브에서 활동하고 있는지 한번 찾아보고 그들과 직접 '소통'해 보는 건 어떨까?

유튜브, 모두를 주인공으로 만들다

평범한 '우리'의 시대를 연 유튜브

"헐", "ㄷㄷㄷ", "찐이 나타났다"… 한 유튜버의 콘텐츠에 달린 댓글에 사람들은 놀라워하며 이런 내용의 '대댓글'(댓글에 대한 댓글)을 썼어. '좋아요' 2,300개, 대댓글 200여 개를 받은 이 댓글은 우리나라 대표 MCN 기업 중 하나인 샌드박스네트워크 공식 계정이 단 거였지. 해당 유튜버에게 이메일 주소를 물어보는 내용이었는데, '영입'을 염두에 둔 느낌이었어. 실제로 이 유튜버는 샌드박스네트워크와 계약을 하게 돼. 당시만 해도 그리 많지 않았던 이 채널의 구독자들은 인생이 역전되는 순간이라며 자기 일처럼 같이 기뻐했어.

이 유튜버의 이름은 '잡큐멘터리'야. 그는 붕어빵 장사, 막노동 등 다양한 아르바이트를 직접 체험하며 영상으로 찍어 올렸어. 말을 잘하는 것도 아니고, 영상 편집이 화려하지도 않아. 그저 자신에게 맞는 일을 찾기 위해 다양한 일을 하나씩 배워 보고 이를 투박하게 담아낸 거지. 그런데 사람들이 조금씩 주목하기 시작했어. 꾸밈이 많고 과장스러운 면을 부각하는 콘텐츠가 넘쳐 나는 세상에서 묵묵히 자신의 일상을 보여 주는 콘텐츠를 인상적으로 느낀 사람이 많았던 거 같아.

유튜버를 하게 되면서 삶의 전환점을 맞은 사람들이 정말 많아. 지금 유명한 유튜버들이 만일 유튜브, 심지어 인터넷이 없는 시대에 태어났다면 어떤 일을 하고 있을까? 어쩌면 아무런 주목을 받지 못하고 자신의 능력을 알지 못한 채 평생을 살았을지도 몰라.

사실 인터넷이 등장하기 전 미디어의 모습은 지금과 많이 달랐어. 신문이나 TV 방송처럼 한쪽에서만 하고 싶은 말을 전하는 단방향 매체가 전부였지. 이런 상황에서 일반인들이 미디어를 통해 자신의 이야기를 자유롭게 하는 건 거의 불가능했어. 평범한 사람들은 미디어가 전달하는 것들을 수동적으로 받아들이는 '독자'이자 '시청자' 역할을 할 뿐이었어.

그런데 인터넷이 등장하면서 일반인도 누구나 직접 글을 쓰고 영상을 만들어 올릴 수 있게 됐어. 무언가를 '소비'만 하는 게 아니라 '생산'하는 사람이 된 거야. 특히 유튜브가 등장하면서 마치 지진이 일어난 것처럼 세상의 판도가 뒤바뀌기 시작했어. 우리 모두 PD가 되고, 기자가 되고, 작가가 되고, 연예인이 되는 시대가 열린 거야. 평범한 사람들이 유튜브 세상에서 유명한 스타나 정치인, 기업인 못지않은 영향력을 갖게 되면서 그야말로 우리의 시대가 찾아온 거지.

주부, 택배 기사… 일상이 콘텐츠가 되다

떵개와 개떵의 〈떵개떵〉 채널은 400만 명이 넘는 구독자를 보유하고 있어. 음식 먹는 걸 좋아하는 이 형제는 먹방 콘텐츠로 국민 유튜버가 된 거야. 유튜브가 없는 시대였다면, 음식을 맛있게 많이 먹는 건 자랑할 만한 능력이 될 수 없었을 거야. "그렇게 먹기만 하니 커서 뭐 될래?"라는 잔소리를 지겹게 듣고 살았을지도 몰라. 하지만 유튜브에선 자신만의 개성과 재능이 될 수 있었어.

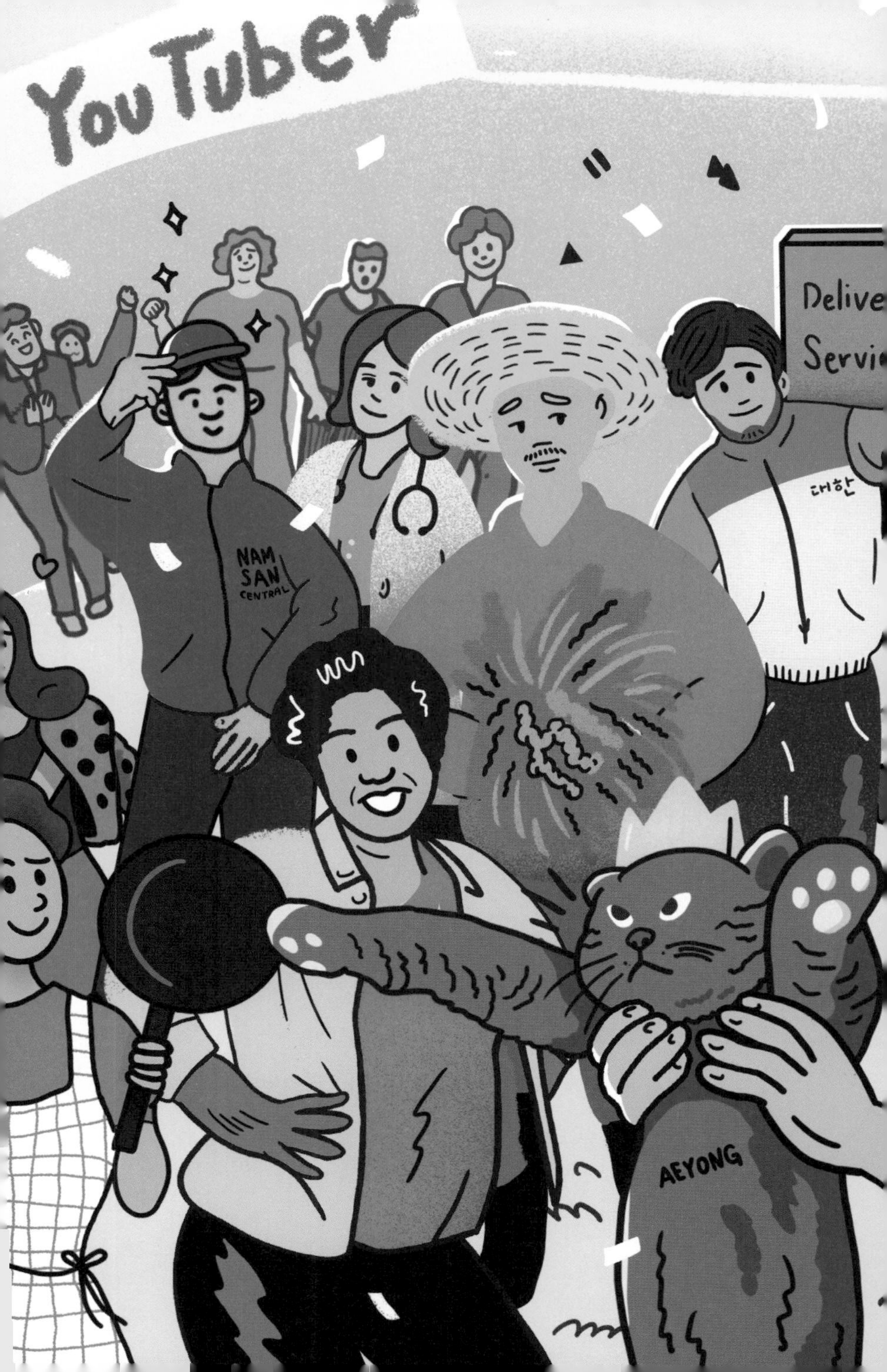
YouTuber
Delive
Servi
대한
NAM
SAN
CENTRAL
AEYONG

떵개떵은 음식에 대해 다양한 설명을 하던 기존 먹방 유튜버와 달리 음식을 먹는 모습을 중점적으로 보여 주고 씹는 소리를 극적으로 살린 '리얼 사운드 먹방'을 추구해. 사실 이 형제는 사투리가 심해서 처음 인터넷 방송을 할 때는 발음이 잘 안 들린다는 지적을 받았다고 해. 그래서 대사를 거의 하지 않고 방송을 하게 됐는데 오히려 차별화된 콘텐츠로 자리매김한 거지.

이렇듯 우리 주변의 평범한 사람들이 인기 유튜버가 되고 있어. 〈심방골주부〉 채널을 운영하는 조성자 씨는 평범한 농민이자 주부였어. 식당 일을 한 적은 없었지만 그 누구보다 요리에 자신이 있었다고 해. 엄마의 손맛을 잘 아는 아들의 권유로 유튜브를 시작해 자신의 요리 레시피를 영상으로 제작해서 올리고 있어. 많은 사람들이 이 레시피에 관심을 갖게 됐고 심방골주부는 구독자 약 40만 명을 보유한 유튜버로 성장할 수 있었어. 유튜버 '택배아저씨'는 자신이 택배 일을 하는 모습을 브이로그로 찍어 올려. 고된 일을 하고 휴가도 제대로 가지 못하는 모습을 보면서 많은 사람들이 택배 일의 힘겨움을 알게 됐다는 댓글을 남겼지.

꼭 구독자 규모가 매우 커야만 성공한 유튜버가 되는 건 아니야. 요즘은 규모가 작은 '마이크로 인플루언서 Micro influencer'가 대세라고 해. 인플루언서는 인터넷상에서 영향력이 있는 사람을 뜻하는 표현으로 주로 인스타그램 활동을 하는 사람을 말해. 과거에는 기업들이 구독자가 10만 명이 넘어가는 채널에 주로 광고 콘텐츠를 주문했는데, 요즘은 구독자가 1만 명 정도만 되어도 광고를 하는 경우가 많아졌어. 그만큼 구독자가 많지 않아도 충분히 가치를 인정받는 분위기야. 왜일까?

요즘 세상에서는 취향이 점점 세분화되고 있잖아. 편의점에 가면 파 맛 시리얼이나 민트초코 제품처럼 다양한 취향의 마니아를 위한 음식들을 볼 수 있는 것처럼 말이야. 유튜브도 이와 비슷해서 구독자가 많지 않더라도 채널의 성격이 뚜렷하면서 팬들이 적극적이면 큰 규모의 채널 못지않은 영향력을 갖게 되지. 마이크로 인플루언서 시장이 커지면 지금보다 더 다양한 채널들이 등장하게 될 거야.

소수자와 약자의 스피커

우리 사회에는 장애인, 성소수자, 외국인 노동자 등 다양한 소수자와 약자 들이 있어. 그동안 이들은 미디어를 통해 자신의 목소리를 내기가 쉽지 않았어. 정치·사회 현안에 대해 자신의 생각을 밝힐 수 있는 건 막강한 영향력을 가진 정치인이나 기업인, 언론인 정도였지. 오랜 기간 미디어는 힘없는 사람들보다는 권력을 가진 사람들의 목소리를 더 많이 대변해 온 셈이야.

그러다 보니 드라마나 예능 프로그램에서도 소수자나 약자

가 왜곡된 이미지로 그려지는 경우가 많았어. 2016년 방송통신
위원회가 6개 채널에서 방송된 드라마 43편 속 등장인물의 직업
과 나이를 분석한 결과에 따르면, 무려 98%가 비장애인이었어.
장애가 있는 인물이 나온다고 하더라도 대부분 장애를 삶의 한
부분이 아니라 절대적인 불행으로만 묘사하는 경우가 많아. 그
나마 드라마는 나은 편인지도 모르겠어. 예능 프로그램에서 장
애인 출연자를 본 적 있어? 아마 거의 없을 거야. 비장애인 출연
자가 '바보 형' 같은 캐릭터로 분장해서 장애를 우스꽝스럽게 재
현하는 모습은 많이들 봤겠지만.

　이렇게 미디어에 소수자와 약자가 나오지 않거나, 나오더라
도 우스꽝스럽게 그려진다면 어떤 문제가 있을까? 다른 사회 구

성원들이 그들에 대해 제대로 생각해 보는 기회가 자연히 줄어들 수밖에 없을 거야. 하지만 이제 소수자와 약자 들이 유튜브를 통해 직접 콘텐츠를 만들어 올리면서 자신을 알리고, 평소 느끼는 고충에 대해 사람들과 소통할 수 있게 됐어. 기존의 미디어가 이런 역할을 해 주지 않았으니 직접 나선 거지.

〈함박TV〉는 교통사고로 척수 장애인이 되어서 휠체어를 타고 생활하는 함정균 씨가 운영하는 채널이야. 이 유튜버는 장애인들이 겪는 불편과 고충을 적극적으로 알려서 장애인에 대한 사람들의 인식을 바꾸기 위해 노력하고 있어. 예를 들면 지하철 역 곳곳을 돌아다니며 1인칭 시점으로 각 역의 환승 방법을 안내하는 영상을 찍어 올렸지. 우리나라 지하철역에는 휠체어를 탄 장애인들을 위한 안내가 제대로 되어 있지 않고, 계단이나 에스컬레이터가 없는 곳으로 다니려면 길도 매우 복잡하거든. 이런 상황에서 지하철을 탈 때마다 환승 때문에 불편을 겪는 장애인들에게 환승 정보를 알려 주고 싶은 마음에 유튜브를 시작하게 됐다고 해.

유튜버 원샷한솔은 시각장애인이야. 그가 올린 '시각장애를 가진 내가 장애물을 피해 가는 방법'이라는 영상 덕에 많은 사람들이 시각장애인의 고충을 알게 됐어. 학교 캠퍼스로 이동하는 모습을 보여 주는 영상인데, 그가 학교로 가는 길이 순탄치가 않

아. 점자 유도 블록이라고 부르는 시각장애인용 안내 블록 위에 누군가가 입간판을 세워서 길을 찾지 못하기 때문이지. 심지어 요즘 많이 타는 전동 킥보드를 블록 위에 올려놓아서 길이 가로막히는 경우도 있다고 해.

이 밖에 성소수자 유튜버들도 있어. 구독자 19만 명을 보유한 〈채널 김철수〉는 게이(남성 동성애자) 커플의 일상을 담은 콘텐츠를 통해 소통해. 시청자가 자신도 동성애자임을 밝히는 영상을 보내면 공유해 주는 '커밍아웃 페이지'도 운영하고 있어.

요즘 채식주의에 대한 관심이 높아진 만큼 채식주의와 관련된 콘텐츠들도 속속 생겨나고 있어. 채식주의자 수는 크게 늘고 있는데, 우리 사회가 아직은 채식주의에 대한 인식이 부족한 편이잖아. 여전히 낯설어하는 사람이 많고 편견도 있지. 이러한 문화를 바꾸기 위해 유튜버 '초식마녀'는 채식주의자의 일상을 보여 주고 채식 요리 레시피를 소개하고 있어.

유튜버가 '기자상'을 받은 이유

기자와 유튜버. 전혀 다른 직종처럼 보이지만 요즘은 꼭 그렇지만은 않아. 여러 분야에서 전문성을 가진 유튜버들이 두각을 나타내면서 기자 역할을 대체하는 경우도 있거든.

보통 새로운 제품이 출시되면 기업에서 기자들을 불러 놓고 시연 행사를 해. 그런데 한 전자 제품 회사는 이 행사를 유튜버 대상으로만 열어서 화제가 되기도 했어. 한 게임 회사는 기자와 유튜버를 한 공간에 같이 초청해서 구분 없이 간담회를 열기도 했지. 영화가 개봉하면 언론사들이 돌아가면서 인터뷰를 하게 마련인데, 어떤 영화는 유튜버 '영국남자'에게 먼저 시간을 할애하고 나머지 시간에 언론사들을 배치하기도 했어.

진용진 씨는 기자와 비슷한 일을 하는 유튜버야. 그는 사람들이 궁금해하는 내용을 직접 취재해서 알려 주는 '그것을 알려 드림'이라는 콘텐츠로 유명해졌어. 지하철 잡상인은 정말 돈을 많이 버는지 묻는 댓글이 있으면 직접 지하철 잡상인을 만나 인터뷰하는 식이야. 취재 결과, 지하철에서 물건을 파는 노인분들이 돈을 잘 벌지 못하는 점을 조명하고, '노인 일자리'가 부족하다며 사회의 문제점을 지적하기도 했어.

유튜버가 기자 역할까지 하는 것은 우리나라만의 경향은 아니야. 레초라는 독일 유튜버는 평소에 먹방, 챌린지, 리액션 등 오락 콘텐츠를 주로 올리곤 했는데, 2019년 유럽 의회 선거를 앞두고 독일 집권당을 신랄하게 비판하는 영상을 올렸어. 이 영상은 일주일 만에 1,000만이 넘는 조회 수를 기록했고, 레초는 독일의 저명한 기자상인 헨리-난넨상Henri-Nannen-Preis을 받았지. 원래는 기자들만 받던 상인데 그가 기성 언론의 한계를 뛰어넘어 기자들

못지않은 역할을 했다는 점이 높은 평가를 받아 이례적으로 상을 받게 된 거야.

이제 누구나 유튜브를 통해 자신의 목소리를 자유롭게 낼 수 있는 시대가 됐어. 연예인이 아니어도, 특출한 재능이 없어도 우리는 누구나 주인공이 될 수 있어. 게임, 피규어, 음악 등 좋아하는 취미 생활에 대한 이야기를 콘텐츠로 만들어 올릴 수 있고, 세상 돌아가는 일에 대한 의견을 말할 수도 있어. 내가 사는 지역을 넘어 공간의 제약 없이 많은 사람들에게 스스로를 알리고 소통할 수 있는 창구가 열려 있는데 활용하지 않을 이유가 없겠지? 우리 모두 주인공이 될 자격이 충분하니까!

성공한 유튜버들의 공통점

처음부터 잘될 수는 없어

여러분 반에는 유튜브를 하는 친구가 몇 명이나 있어? 한 반에 적어도 1~2명은 유튜브를 열심히 하는 친구가 있고, 계정을 만들어 본 친구는 더 많을 거야. 2019년에 교육부와 한국직업능력개발원에서 초등학생들을 대상으로 조사한 결과, 희망 직업

1위는 운동선수, 2위는 교사, 그리고 3위가 크리에이터로 나타났다고 해. 크리에이터는 원래 창작자라는 뜻인데, 요즘은 흔히 유튜버를 일컫는 말이 됐지. 몇 년 전만 해도 크리에이터는 순위권에도 들지 못했는데, 유튜브를 비롯한 인터넷 콘텐츠가 큰 주목을 받게 되면서 크리에이터가 되려는 어린이와 청소년이 그만큼 많아지고 있어.

유튜브를 본격적으로 하고 싶지만 교과 공부처럼 누가 일일이 가르쳐 주는 것도 아니니까, 막상 뭘 어떻게 해야 할지 잘 몰라서 막막하다는 생각이 들 거야. 사실 유튜브로 성공하는 데 명확한 공식이 있는 건 아니지. 하지만 성공한 유튜버들의 경험을 집중해서 들어 보면 그들이 시행착오 속에서 얻어 낸 노하우가 우리에게 중요한 조언이 될 수 있어.

성공한 유튜버들의 가장 중요한 공통점은 뭘까. 바로 처음부터 잘되지는 않았다는 거야. 구독자가 무려 400만 명이 넘는 떵개떵 형제가 초창기 인터넷 방송을 할 때 시청자가 몇 명이었는지 알아? 하루는 24시간 운영하는 김밥 가게에서 라이브 먹방을 했는데 그때 시청자가 0명이었다고 해. 민망한 상황인데도 시청자가 있는 것처럼 연기하면서 방송을 했던 거지.

처음에는 찾아오는 이가 없었는데, 어떻게 이렇게 주목을 받게 된 걸까. 바로 '꾸준함'이 비결이야. 떵개떵 형제는 2015년 먹방을 하기로 결심했을 때부터 단 하루도 거르지 않고 방송을 했어. 미련해 보일 수도 있지만 이렇게 외면받으면서도 포기하지 않다 보니 오늘날처럼 큰 성공을 하게 된 거지.

규모가 큰 방송사도 마찬가지야. 장성규 아나운서가 진행하는 직업 체험 웹예능 〈워크맨〉은 한국 유튜브의 간판 예능 콘텐츠 중 하나인데, 실은 뼈 아픈 실패 경험이 있었어. JTBC는 2016년에도 장성규 아나운서를 내세우며 온갖 도전을 하는 〈짱티비씨〉라는 콘텐츠를 만들었지만 주목을 받지 못하고 사라진 '흑역사'가 있었거든. 실패로 시작해 여러 도전을 한 끝에 장성규 아나운서의 '선 넘는' 캐릭터를 극대화한 〈워크맨〉이 탄생할 수 있었지.

유튜브를 시작하게 되면 꾸준하게 영상을 올리는 일이 무엇보다 중요해. 실제로 유튜브의 알고리즘은 콘텐츠를 꾸준히, 그리고 일정한 기간마다 올리는 채널이 좀 더 사람들에게 많이 보이도록 되어 있다고 해. 여러분이 좋아하는 채널에서 언제 라이브 방송을 하는지 요일과 시간을 기억하고 있지? 여러분도 그렇게 주기적으로 꾸준히 콘텐츠를 올리면 구독자들이 그 시간에 찾아올 수 있을 거야.

더 구체적인 취향을 노리자

유튜브 콘텐츠가 TV 방송과 가장 다른 점이 뭘까? 다양한 차이가 있겠지만 그중에서도 '취저'(취향 저격)라는 점이 가장 큰 차이라고 생각해. TV 드라마나 예능 프로그램을 보면 누구나 좋아할 만한 걸 많이 보여 주잖아. 실제로 TV 프로그램을 만들 때는 시청 대상을 20~40대, 30~50대, 이런 식으로 아주 폭넓게 잡거든. TV는 정해진 콘텐츠 외에는 틀 수 없기 때문에 누가 봐도 무난하게 볼 만한 방송을 제작하는 게 가장 효과적이지.

하지만 유튜브는 그렇지 않잖아. 사람들이 더 적극적으로 자신이 원하는 콘텐츠를 찾아볼 수 있기 때문에 구체적인 취향에 맞춰서 콘텐츠를 제작할 필요가 있어. TV 드라마는 주로 20대부터 50대 성인들이 두루 본다면, 조회 수 4억 회가 넘은 웹드라마 〈에이틴 A-TEEN〉은 오로지 10대를 위한 드라마로 성공했지. 인기 유튜버 도티는 초등학생들을 겨냥한 유튜브 콘텐츠를 제작해서 인기를 끌었어. 나이뿐 아니라 분야도 마찬가지야. 어른들은 '뷰티 채널', '게임 채널'이라고 하면 다 똑같은 줄 알지만 실제로는 엄청 다양하잖아. 한 중학교에서 학생들에게 자신이 가장 즐겨 보는 유튜브 채널 이름을 하나씩 말해 보게 한 적이 있는데 의외로 대부분 각기 다른 채널을 얘기하더라고.

이렇게 시청자의 취향을 분명히 할수록 채널의 매력이 커진다는 점을 알 수 있어. 예를 들어서 여러분이 액션 게임을 좋아한다면, 퍼즐 게임·액션 게임·음악 게임 등 다양한 게임을 번갈아

가면서 하는 유튜버와 액션 게임만 골라서 하는 유튜버 중에서 당연히 후자가 더 매력적일 수밖에 없을 거야.

영상만 잘 만든다고 끝이 아니야

유튜브에서 가장 중요한 건 영상을 잘 만드는 일이지만 구독자를 끌어모으기 위해서는 그것만으로는 부족해. 그 외에 다양한 기능들이 부수적인 것처럼 보이지만 잘 활용하면 더 많은 사람들이 콘텐츠를 찾아보게 할 수 있어. 실제로 유튜브 담당자들이 유튜버를 대상으로 강연할 때, 영상 외에도 '섬네일', '재생목록', '태그' 등을 신경 써야 한다고 강조해.

먼저 섬네일은 영상의 미리보기 이미지를 뜻해. 어쩌면 유튜브에서 영상을 골라 볼 때 이 섬네일의 영향을 가장 많이 받는 거 같기도 해. 인기 콘텐츠 섬네일을 잘 보면, 영상 제목에 들어가진 않지만 궁금증을 유발하는 이미지를 많이 쓰고 있어. 예를 들어 요리 전문 유튜버인 '승우아빠'가 '수박 특별하게 먹는 법 6가지' 영상을 올릴 때 어떤 섬네일을 썼을까? 수박 하나를 덩그러니 올려놓으면 사람들 눈길을 사로잡기 쉽지 않을 거야. 수박을 최대한 먹음직스럽게 보여 준다면 약간 관심을 갖겠지만 뭔가 부족해. 승우아빠는 냄비에서 노란 빛깔의 무언가가 끓어오르는 장면을 섬네일로 썼어. 이 이미지를 보면 '아니, 수박을 냄비에 끓

인 건가? 대체 무슨 요리를 한 거지?'라는 생각이 들어서 궁금해
서라도 눌러 보게 되는 거야.

재생목록은 같은 코너나 유사한 영상을 묶어서 보여 주는 기
능을 말해. 콘텐츠를 재생목록으로 묶어 두면 찾아보기도 쉽고,
무엇보다 자동으로 재생이 이어지기 때문에 한 콘텐츠를 보고
나서 다른 콘텐츠로 자연스럽게 넘어가게 하지. 유튜버 입장에
서는 조회 수를 높이는 좋은 방법이야.

그리고 태그는 영상과 관련한 키워드를 넣는 걸 말해. 여기서
지정한 키워드가 검색을 할 때 결과로 반영되기 때문에 태그를
넣으면 더 많은 사람들이 영상을 보게 할 수 있어. 예를 들어 '프

라이드치킨 먹방'을 한다면 '프라이드치킨', '치킨', '먹방'과 같은 태그를 넣는 식이야.

유튜브에선 영상 제목이 길수록 더 많은 사람이 본다는 연구 결과도 있어. 한국언론진흥재단에서 30만 개에 달하는 콘텐츠를 분석해 보니, 제목이 길거나 제목 안에 주요 키워드가 많을수록 사람들에게 더 많이 추천되는 경향이 있었다고 해. 아무래도 키워드가 많아야 검색을 했을 때 더 잘 걸릴 수 있게 되는 거지.

자신의 채널을 늘 체계적으로 분석한다는 점도 성공한 유튜버들의 특징이야. 유튜브 채널 관리자 화면에서는 콘텐츠별로 사람들이 어느 정도 시간까지 시청했는지를 알 수 있어. 이 데이터를 보면 구독자가 어느 지점에서 영상을 껐는지 반응을 살피고 문제를 개선할 수 있지. 참고로 유튜브는 시청 지속 시간이 길 경우에 더 많은 사람들에게 보여 주고, 보통 1~3초 만에 꺼 버리는 영상은 거의 추천하지 않아. 그러니 시청 지속 시간을 늘리면 채널에 이익이 돼. 또 유튜브 채널 관리를 하면 구독자의 나이와 국적도 알 수 있으니 참고하면 좋아.

커뮤니티를 만들자

유튜브는 여러분에게 어떤 공간이야? 유튜브가 영상을 올려놓고 사람들에게 일방적으로 시청만 하게 만드는 공간이었다면 이렇게까지 큰 주목을 받지는 못했을 거야. 영상과 댓글, 채팅 등을 통해 유튜버와 내가 소통할 수 있는 점이 큰 매력이지.

유튜버 입장에서도 이런 요소는 중요해. 유튜브 채널을 잘 운영하려면 구독자들과 소통을 하면서 친분을 유지하는 일은 필수라고 할 수 있어. 유튜버 대도서관은 게임 방송 라이브를 할 때 게임 전에 수십 분 동안 이야기를 해. 자신이 최근에 어떤 일을 겪었는지 얘기하거나 요즘 유행하는 영화에 대해 구독자들과 함께 생각을 나누고 나서 본격적으로 게임 방송을 시작하는 거야. 이렇게 하면 개인의 캐릭터도 더 선명하게 드러낼 수 있고, 소통하는 과정에서 구독자들이 친근감을 느끼게 되겠지.

주기적으로 Q&A 영상을 올리는 건 이제 하나의 공식이 되기도 했어. 구독자 수가 특정한 규모를 넘었을 때 구독자들에게 질문을 받아서 답변하는 영상을 올리는 식이야. TV에 나오는 연예인에게는 쉽게 질문할 수 없지만, 유튜브에서는 묻고 답할 수 있으니 더 친근하게 느껴지지.

유튜브는 소통을 위해 다양한 기능을 갖추고 있으니 이를 활용하는 것도 좋아. 관리자 계정을 통해 대댓글을 달고, 게시판과 같은 커뮤니티란을 활용하면서 다양한 소통을 시도할 수 있지. 그리고 유튜브 멤버십 기능을 활용해 열성적인 구독자를 위한 별도의 콘텐츠를 제작할 수도 있어.

지금까지 성공한 유튜버들의 경험을 바탕으로 어떻게 유튜브 채널을 운영해야 하는지 정리해 봤어. 당장 많은 구독자를 모을 수는 없겠지만 나만의 콘텐츠를 만들고 적은 수라도 사람들과 꾸준히 소통을 하는 건 의미 있는 일이 될 거야.

유튜브 나라의 '헌법'

유튜브 커뮤니티 가이드란?

"아, 영상에 노딱이 붙었어요."

유튜브를 보다 보면 '노딱'이라는 말을 종종 듣게 돼. '노란 딱지'의 줄임말로, 유튜브가 특정 콘텐츠에 광고가 붙지 않도록 해서 수익을 얻지 못하게 하는 조치를 말하지. 축구 경기에서 선수에게 경고를 줄 때 심판이 옐로카드를 꺼내는 것처럼, 유튜버는 유튜브가 만든 규칙을 위반하는 콘텐츠를 올릴 경우에 이런 경고를 받게 돼.

우리는 유튜브를 매일 이용하면서도 정작 어떤 원리로 어떻게 작동하고 있는지는 잘 알지 못하는 경우가 많아. 여러분이 유튜버로서 공을 들여 영상을 만들었는데 수익을 내지 못하게 되면 속상할 수밖에 없겠지? 또 유튜브가 만든 규칙은 댓글에도 적용이 되기 때문에, 여러분이 쓰는 댓글이 어떤 기준으로 심의를 받는지 알 필요도 있어.

유튜브는 '커뮤니티 가이드'라는 규칙을 두고 있고, 이를 위반할 경우 제재를 가해. 한마디로 커뮤니티 가이드는 유튜브 내의 법과 같은 역할을 한다고 할 수 있지. 구글 검색창에 '유튜브 커뮤니티 가이드'를 검색하면 구체적인 내용을 확인할 수 있어. 크게는 '민감한 콘텐츠', '폭력적이거나 위험한 콘텐츠', '스팸 및 현혹 행위', '규제 상품', 이렇게 네 가지로 구분되어 있을 거야.

첫째로 '민감한 콘텐츠'는 무엇을 말할까? 우선 과도한 노출과 성적인 콘텐츠를 들 수 있어. 이런 내용은 콘텐츠뿐 아니라 섬네일 이미지에도 적용돼. 그리고 자살, 자해 행위를 떠오르게 하거나 지나치게 저속한 언어 역시 금지하고 있지.

무엇보다 아동 안전을 위한 정책도 여기 포함된다는 점에 주목할 필요가 있어. 유튜브는 14세 미만 어린이의 인권을 보호하기 위해, 어린이를 성적인 대상으로 보이게 하거나 어린이에게 정신적 고통을 유발하거나 어린이를 괴롭히는 등, 어린이를 대상으로 한 가이드라인 위반에 강력하게 대응하고 있거든. 실제로 어린이들이 위험에 노출되다 보니 어린이가 출연하는 콘텐츠는 댓글란을 없애기도 했어. 원래부터 이런 규정이 있었던 건 아닌데, 어린이가 출연하는 콘텐츠들에서 지속적으로 문제가 불거져서 유튜브가 대응을 강화한 거야.

실제로 유튜버인 여섯 살 아이들에게 대왕문어를 먹게 한 영상이 논란이 돼서 영상을 만든 아버지가 사과한 적이 있어. 또 다른 유명 유튜브 키즈 채널에는 아이를 장난감 자동차에 태운 뒤 실제 차들이 달리는 도로 위를 달리게 하거나, 부모님의 지갑을 훔치게 하는 등 과도한 설정을 한 영상들이 올라오기도 했지. 국제아동권리보호단체 세이브더칠드런 Save the Children 이 이 키즈 유튜버의 부모를 아동 학대 혐의로 경찰에 고발할 정도였어. 신체적·정신적으로 미숙한 어린이가 출연하고 시청하는 키즈 콘텐츠는 어린이가 위험한 일을 모방하거나 신체적·정신적 충격을 받지 않도록 세심하게 접근해야 해.

두 번째는 '폭력적이거나 위험한 콘텐츠'야. 여기에는 유해하거나 위험한 시도를 해서 모방 위험이 있는 콘텐츠, 타인에 대한 괴롭힘과 사이버 폭력, 최근 유튜브가 새로 추가한 규정인 코로나19와 관련한 잘못된 정보, 그리고 증오심 표현이 포함되어 있어. 증오심 표현이라는 말은 낯설지? 요즘 흔히 말하는 '혐오 표현'에 대한 규제 정책이라고 보면 돼. 유튜브는 특정 인종이나 민족, 종교, 장애, 성별, 연령, 국적, 군필 여부, 성적 지향, 성 정체성을 이유로 개인이나 그룹에 대해 폭력을 선동하거나 증오를 조장하는 콘텐츠를 증오성 콘텐츠로 정의해 금지하고 있어.

그리고 세 번째 '스팸 및 현혹 행위'는 누군가의 명의를 도용해 콘텐츠를 만들거나 스팸 메일처럼 사람들을 속여 상업적인 페이지로 연결시켜 개인정보를 몰래 가져가는 식의 콘텐츠를 말해.

마지막으로 '규제 상품'이 등장하는 콘텐츠도 금지돼. 규제 상품은 총기를 비롯해 법적으로 금지하고 있는 상품이나 서비스야. 주로 유튜브를 통해 범죄 행위를 하는 콘텐츠인 거지.

유튜브가 삭제한 수많은 영상들

커뮤니티 가이드를 위반하면 어떻게 될까? 해당 채널은 '노딱', 즉 경고를 받게 되고, 90일 내에 경고가 이어지면 채널의 수익 창출이 제한돼. 3회 연속 경고를 받게 되면 채널 자체가 삭제되지. 채널이 삭제되면 당연히 그 안에 있던 영상도 모두 사라지겠지? 축구 경기에서 아주 심각한 반칙이 벌어지면 심판이 옐로

카드가 아닌 레드카드를 꺼내잖아. 마찬가지로 유튜브도 중대한 위반 사유가 있을 때 경고 없이 한 번에 채널을 삭제하는 경우도 있어.

그리고 유튜브는 한번 채널이 삭제된 유튜버가 다른 채널을 새로 만들어도 삭제하고 있어. 실제로 어떤 유튜버는 채널이 삭제당한 뒤에 일곱 번이 넘게 다시 채널을 만들었지만, 그때마다 다시 삭제를 당했다고 해.

유튜브가 삭제한 영상은 우리가 생각하는 것보다 훨씬 많아. 유튜브를 서비스하는 구글에서는 주기적으로 '투명성 보고서'를 내고 있어. 자신들이 심의하고 조치한 내역들을 투명하게 공개한다는 거지. 이 보고서를 보면 2020년 7~9월 세 달 동안 삭제한 유튜브 채널은 총 180만 4,170개에 달해. 어마어마한 수치지? 게다가 같은 기간 동안 삭제한 영상은 총 787만 2,684개로 훨씬 더 많지.

유튜브는 주로 어떤 커뮤니티 가이드 위반을 이유로 영상을 지우는 걸까? 유튜브가 삭제한 전체 영상의 제재 사유를 분석한 결과, 아동보호 관련 규정 위반 콘텐츠가 31.7%를 차지했어. 그러니까 유튜브가 삭제한 영상 3개 중 1개가 이 조항 위반으로 삭제된 셈이지. 다음으로 스팸·현혹성 콘텐츠 및 사기가 25.5%로 4개 중에 1개꼴로 나타났어. 그 밖에 과도한 노출 또는 성적인 콘텐츠가 20%를 차지했어.

그런데 유튜브가 이렇게 삭제한 영상들이 우리 눈에는 잘 띄지 않는 것 같지? 특히 스팸·현혹성 콘텐츠 및 사기 영상은 아예 본 적 없는 친구도 많을 거 같아. 그 이유는 바로 유튜브가 커뮤니티 가이드를 위반한 영상 대부분을 사람들에게 공개하기 전에 삭제하고 있기 때문이야.

유튜브에는 셀 수 없이 많은 영상이 쏟아지고 있는데 어떻게 이걸 일일이 살펴볼 수 있을까? 유튜브는 보다 빠르고 정확한 일 처리를 위해 인공지능[AI]을 심의에 도입했어. 혹시 기계학습 또는 머신러닝에 대해 들어 봤어? 인공지능의 연구 분야 중 하나로, 인간의 학습 능력과 같은 기능을 컴퓨터에서 실현하려는 기술이지. 유튜버가 영상을 올리는 순간, 인공지능이 이 기술을 통해 커뮤니티 가이드 위반인지 아닌지를 판단해. 위반이 명백하면 영상을 지워 버리고, 위반 가능성이 있으면 수익을 내지 못하도록 제한하는 거야.

인공지능은 사람보다 심의를 잘할까?

인공지능이 심의를 하고 있으니 심의가 완벽할 거라는 생각이 들기도 해. 하지만 유튜브의 심의는 많은 비판을 받고 있어. 가장 큰 문제는 아직까지 유튜브의 자동화된 심의가 불완전하다

는 사실이야. 예를 들어서 사회적으로 심각한 혐오 표현 문제를 개선하자는 차원에서 해당 표현이 콘텐츠에 나올 수 있잖아. 분명 비판을 하기 위해 쓴 표현인데 이런 표현이 등장했다는 것만으로도 유튜브는 '노딱'을 붙일 때가 있어.

물론 유튜브에도 심의 결과에 대해 이의 제기를 할 수 있는 절차가 있긴 해. 하지만 여기에도 문제가 있어. 처음에는 인공지능으로 자동 심의를 하고 난 다음, 이의 제기를 하게 되면 사람 직원이 직접 검토를 하거든. 이 시스템 자체는 합리적이지만, 재검토를 한 다음에 결과를 알려 줄 때까지는 하루 정도 시간이 걸리기 때문에 유튜버들은 답답해할 수밖에 없어. 영상은 보통 올라온 직후 몇 시간 동안 조회 수가 가장 많이 나오는데, 뒤늦게 이의 제기가 수용되더라도 이미 수익 창출이 제한된 상태에서 본 사람이 많아지면 나중에 광고가 붙어도 효과가 크지 않기 때문이야. 애초에 문제가 없는 콘텐츠였는데 짧게는 몇 시간에서 길게는 하루 정도 돈을 벌 수 없게 하면 부당하다고 느낄 수밖에 없겠지.

인공지능이 아직 수준이 높지 않다 보니 벌어지는 웃지 못할 해프닝도 있어. 『신과 함께』라는 만화로 유명한 주호민 작가가 어느 날 갑자기 자신의 유튜브 콘텐츠에 댓글 기능이 사라졌다는 사실을 알게 됐어. 주호민 작가는 어리둥절해하면서 이 사실을 SNS에 올렸어. 이 글을 본 한 네티즌은 최근 유튜브에서 어린이 콘텐츠에 댓글 기능을 없앴는데 혹시 그것과 관련이 있지 않겠냐는 추측을 말했어. 이후 주호민 작가가 몇 달 만에 유튜브의 답변을 받았는데 정말로 자신을 어린이로 인식해서 댓글 기능이 사라졌었다고 해. 아마도 인공지능이 주호민 작가 얼굴에 주름이나 머리카락이 없어서 어린이라고 판단했던 것 같아.

판단을 잘못한 것도 황당하지만 이 답변을 몇 달 만에 들었다는 사실은 더 황당하지. 그나마 주호민 작가가 유명인이라 사회적으로 주목을 받으니까 답변을 해 줬을 가능성이 높아. 유튜브는 개별 채널의 문의에는 일일이 답하지 않거든. 실제로 기자들이 "왜 이 콘텐츠를 삭제했나요?"라고 물어도 유튜브는 '개별 채널에 대해서는 답하지 않는다'는 입장만 반복하고 있어. 인공지능 시대가 됐다곤 하지만 이렇듯 완벽하지 않은 상황에서 유튜브가 더 적극적으로 소통하면서 문제를 바로잡아 가면 좋겠어.

유튜브 롤모델을 소개합니다

청소년도 멋진 유튜버가 될 수 있어!

- 노래하는 하람 & 마이린TV -

주변에 장래 희망이 유튜버인 친구들이 꽤 있지? 장래 희망까지는 아니더라도 유튜브에 채널을 만들었거나, 한 번쯤 만들어 보고 싶은 친구들은 더 많을 거야. 이번에는 청소년 유튜버의 롤모델이라고 할 수 있는 '노래하는 하람'과 '마이린 TV', 두 채널에 대해 알려 줄게.

싱어송라이터를 꿈꾸며 하루하루 노래하는 하람

Q. 노래하는 하람은 어떤 채널인가요?

A. 유튜버의 본명이 임하람이야. 임하람은 2006년에 태어난 청소년이야. 유튜브를 시작한 때는 2017년이라고 해. 초등학생 때부터 유튜브 활동을 한 거지. 하람은 포털에 검색하면 인물 정보까지 뜰 정도로 유명인이 됐어.

Q. 음악과 관련이 있는 채널이죠?

A. 맞아. 하람의 주된 콘텐츠가 노래를 연습하고 부르는 영상이

야. 하람은 노래를 정말 잘하거든. 그런데 노래만 하는 건 아니고 보드 타는 취미가 있어서 그 영상도 올리는데, 실력이 수준급이야. 그 밖에도 등교하는 모습, 쇼핑하는 모습, 학교 체육대회 등 자신의 일상을 브이로그로 만들어서 올리고 있어.

Q. 유튜브를 시작하게 된 계기가 무엇일까요?
A. 초등학교 4학년 때 쁘허라는 유튜버를 좋아하게 되면서 자신도 유튜브를 하고 싶은 꿈을 키워 갔다고 해. 노래하는 걸 좋아하다 보니 동요를 듣고 따라 부르는 영상을 찍어 놓은 게 많기도 했고. 그러다 초등학교 때 동요 대회에 출전하면서 본격적으로 유튜브에 영상을 올리기 시작했어.

Q. 부모님이 반대하지 않았을까요?
A. 사실 영상 편집을 어머니가 직접 해 주고 있어. 어떤 영상을 찍을지 기획하고 구성하는 것도 어머니와 함께 논의하지. 어머니와 아버지가 영상에 직접 출연하기도 해. 유튜브에서 어린이·청소년 콘텐츠가 간혹 자극적이어서 논란이 되는 경우가 있잖아. 이 채널은 부모와 자녀가 함께 의논하면서 제작한다는 점에서 바람직한 방식으로 운영된다고 할 수 있지.

Q. 가장 인기 있는 영상은 노래를 하는 영상들이겠죠?
A. 이 채널에서 두 번째로 조회 수가 높은 것이 "아이유 '좋은날' 3단고음 도전!! 성공실화?" 영상이야. 초등학교 4학년 시절 하람이 아이유의 3단 고음을 소화하는 모습을 담았는데, 조회 수가 무려 260만 회를 넘어섰어. 노래를 따로 배운 적 없는데도 수준급 실력에 특유의 귀여운 모습도 보이면서 주목을 받은 거지. 팬들 입장에서는 어릴 때 하람의 모습을 떠올리게 돼서 그런지 3년이 지난

최근에도 새로 달린 댓글들이 정말 많더라.

Q. 그러면 가장 조회 수가 많이 나온 영상은 어떤 내용인가요?
A. '키작송'이라는 노래를 부르는 커버곡 영상이야. 이 노래는 셀프어쿠스틱이라는 인디 밴드의 노래로 키가 작은 사람들의 고충을 담은 가사가 특징이야. 키가 작아서 힘든데 친구는 '키 작으면 귀엽다'고 하고, 그래서 그 친구에게 '그럼 나랑 키 바꿀래?'라고 물었더니 답이 없었다는 내용이지. 하람이 이 노래를 엄마랑 대화를 주고받는 구성으로 바꾸고 깜찍한 율동도 곁들이면서 많은 사랑을 받았어.

Q. 유명 유튜버가 되면 주변에서 많이 알아보겠죠?
A. 실제로 많은 관심을 받고 있다고 해. 특히 초등학생, 중학생이 많은 곳에 가면 사진을 찍자고 하거나 사인을 해 달라고 요청하는 팬들이 있대. 그런데 널리 알려지는 것이 장점이자 단점이라고 하더라. 관심을 받아서 좋긴 하지만 내성적인 성격이라 한편으로는 부담스러웠던 거야.

Q. 하람의 꿈은 가수인가요?
A. 작사·작곡을 직접 하는 싱어송라이터가 장래 희망이야. 10년 후에는 본격적으로 자신의 곡을 만들 거라고 계획을 세워 놓기도 했어. 당연히 그때까지도 유튜브 활동을 계속하는 게 목표라고 해.

구독자들과 같이 나이 먹어 가는 마이린TV

Q. 마이린TV는 어떤 채널인가요?
A. 마이린이라는 닉네임을 쓰는 최린이 유튜버로 활동하는 채널이야. 게임과 다양한 놀이와 실험, 그리고 일상을 보여 주는 영상을 만들고 있어. 마이린은 초등학생 때인 2015년부터 유튜버를 시작해 중학생이 된 이후에도 계속 활동하면서 무려 100만 명이 넘는 구독자를 모았어.

Q. 마이린이 유튜브를 하게 된 계기는 무엇일까요?
A. 마인크래프트 게임을 좋아해서 어릴 때부터 도티와 양띵의 영상을 많이 봤다고 해. 그러다 구글에서 열었던 '유튜브 키즈 데이'라는 행사에 참가했는데 과제가 영상을 찍고, 편집하고, 채널을 만드는 활동이었어. 이날 행사에서 영상을 잘 만든 사람에게 장난감을 준다고 해서 머뭇거리다, 내복을 입고 장난감을 갖고 노는 영상을 올려서 뽑히게 됐다고 해. 이렇게 얼떨결에 시작한 유튜브 활동이 지금은 삶에서 큰 비중을 차지하게 됐지.

Q. 채널이 이렇게 커진 비결이 뭘까요?
A. 다른 비결보다는 꾸준함이 중요하다고 얘기해. 실제로 마이린이 처음부터 이렇게 많은 구독자를 모았던 건 아니야. 쉬지 않고 오랜 기간 동안 유튜브 활동을 하다 보니 조금씩 구독자들이 모였고 지금처럼 규모가 큰 채널이 된 거야. 처음에 영상을 만들면 아무도 안 볼 텐데, 그런 상황에서도 꾸준히 제작하다 보니 사람들이 관심을 갖게 되고, 그들과 소통하면서 시청자들이 원하는 콘텐츠를 선보일 수 있게 된 거지.

Q. 생각해 보니 꾸준하게 하는 것도 비결이 될 수 있겠네요.

A. 물론이야. 꾸준하게 하는 건 쉽지 않아. 그럴 때마다 마이린은 시청자들이 자신의 영상을 기다린다는 생각을 한다고 해. 댓글에서 좋은 얘기를 보면 기분 좋고 힘이 나고. 친구들이랑 촬영할 때도 많은데 그럴 때는 즐기면서 콘텐츠를 만들 수 있다고 해.

Q. 마이린의 어머니도 유튜버라면서요?

A. 원래부터 유튜버였던 건 아닌데, 마이린과 함께 영상을 제작하다 보니 어머니도 유튜브 활동에 관심을 갖게 됐어. 마이린의 어머니는 마이맘이라는 채널을 운영하고 있어. 가족끼리 홈파티를 준비하는 모습이나, 마이린과 함께 요리하는 모습을 엄마의 시선으로 제작하고 있어. 가족이 모두 유튜브를 하다 보니 매일 저녁밥을 먹으면서 가족회의를 통해 시청자들의 반응에 대해 얘기하고 어떤 콘텐츠를 만들지 논의한다고 해.

Q. 어떤 콘텐츠를 만들어야 사람들에게 주목받을 수 있을까요?

A. 마이린과 마이린의 어머니 모두 공감이 중요하다고 강조해. 마이린은 자신의 일상이 다른 학생들의 일상과 다르지 않기 때문에 공감을 끌어낼 수 있다고 생각해. 예를 들어 학예회 영상을 올리면 구독자들이 자신은 학예회 때 어떤 걸 준비했다든가, 자신도 같은 노래를 했다는 식으로 공감하는 댓글을 단다고 해. 또 마이린이 오랜 기간 유튜브 활동을 하면서 구독자들도 함께 성장해 나간다는 생각을 하며 애착을 갖게 된 점도 중요한 거 같아. 처음에는 초등학생이었지만 시간이 흘러 중학교에 입학하게 되고, 또래 구독자들도 같은 경험을 하게 되면서 현실 친구처럼 함께 성장해 나가는 거지.

Q. 유튜버 활동은 돈을 버는 것 외에 어떤 좋은 점이 있을까요?

A. 최근 올라온 영상을 보면 유창하게 방송을 진행하지만 마이린은 사실 말을 그렇게 잘하는 스타일은 아니었다고 해. 부끄럼도 잘 느껴서 처음에는 말을 안 하는 영상을 주로 찍어서 올렸어. 계속 활동을 하다 보니 자연스럽게 멘트를 많이 하고 점점 자신을 더 적극적으로 표현할 수 있게 됐지. 부모님 입장에서도 자녀와 함께 다양한 영상을 찍으며 열기구를 타는 등 특별한 추억을 남기게 돼서 좋았다고 해. 유튜브 활동이 가족에게 색다른 경험을 안겨 준 거야.

※ 참고 기사

"'요즘 애들은 뭐 하고 놀까?'… 10대 유튜버가 답했다", 《머니투데이》, 2020. 8. 16.

"어리다고 얕보지 마라… 키즈 크리에이터 마이린", 《동아사이언스》, 2018. 8. 3.

"71만 어린이 유튜버 '마이린'… '독서 최고!'", 《독서신문》, 2018. 12. 5.

2장

냉정하고도 다정한
유튜브 나라

유튜버들은 어떻게 돈을 벌까?

최상위 유튜버들의 연봉 공개

"유튜버 ○○○ 1년에 10억 번다". 인터넷에서 이런 기사를 본 적 있을 거야. 유튜버들이 TV 프로그램에 출연하면 진행자가 그들에게 얼마를 버는지 꼭 물어보는데, 답을 듣고 생각보다 높은 액수에 깜짝 놀라더라. 2019년에는 한 유튜브 키즈 채널을 운영

₩50,000,000 ---------- ₩10,000,000 ---------- ₩50,00

하는 가족이 땅값이 비싼 서울 강남 지역에 빌딩을 구입해서 화제가 되기도 했지.

여기서 질문. 세계에서 가장 돈을 많이 버는 유튜버는 누구일까? 미국의 경제 잡지 《포브스》에 따르면 2020년 기준으로 가장 높은 수입을 기록한 유튜버는 미국 소년 라이언 카지라고 해. 그는 1년 동안 유튜브를 통해 2,950만 달러, 그러니까 우리 돈으로 약 324억 원을 벌어들였어. 라이언 카지가 운영하는 유튜브 채널은 〈라이언스 월드〉로, 주로 장난감 신제품을 소개하고 교육용 콘텐츠를 올리는 채널이야. 세계에서 두 번째로 돈을 많이 번 유튜버는 미스터비스트MrBeast로 유명한 지미 도널드슨이야. 이 채널은 기발하고 대담한 도전을 하는 영상을 주로 올리는데 1년 동안 2,400만 달러(약 264억 원)를 벌었어. 3위는 스포츠 묘기를 선보이는 듀드 퍼펙트로 2,300만 달러(약 253억 원)를 벌었지.

1년에 수백억 원씩 번다니, 입이 다물어지지 않을 정도야. 우리나라는 어떨까. 우리나라에서 인기가 많은 유튜버들은 연 10억~30억 원 정도를 버는 것으로 알려져 있어. 게임 유튜버인 대도서관은 TV에 출연해, 유튜브로 2018년 한 해 동안 24억 원 정도를 벌었다고 밝혔어. 한국방송통신전파진흥원이 2018년 발표한 자료에 따르면, 2017년에 게임 유튜버 도티는 유튜브 광고 수입으로만 약 16억 원, 실험 유튜버 허팝은 약 12억 원을 벌었다고 해. 한국경제연구원 발표에 따르면, 2018년 우리나라 직장인의 평균 연봉은 3,634만 원이야. 우리나라 톱 유튜버들이 버는 돈이 미국의 톱 유튜버들보다 적긴 하지만, 일반 직장인들은 상상도 못 할 수준인 거지.

'평균'에 속으면 안 돼

그럼 보통의 유튜버들은 얼마나 벌까. 2018년 한국노동연구원이 유튜버 250명을 대상으로 조사한 결과, 본업으로 유튜브를 하는 경우에 월평균 536만 원을 벌었다고 해. 부업으로 유튜브를 하는 사람은 333만 원, 그리고 취미로 하는 사람은 114만 원을 벌었어. 이 결과를 보고 취미로만 해도 월 100만 원은 벌 수 있다는 생각에 당장 유튜브를 하겠다고 마음먹는 친구들이 있을지도 모르겠네.

그런데 여기서 유의해야 할 점이 있어. '평균의 함정'에 속아선 안 된다는 거야. 평균이 늘 중간 정도의 값을 나타내는 건 아니거든. 예를 들어 어떤 해에 미국 노스캐롤라이나주립대학의 지리학과 졸업생 평균 연봉이 25만 달러에 달했다고 해. 우리 돈으로 2억 원이 넘는 놀라운 금액이야. 그런데 알고 보니 졸업생 중에 세계적인 농구 선수 마이클 조던이 있었어. 그의 연봉이 어마어마하게 높았기 때문에 평균 연봉이 높았던 거지.

취미로 하는 유튜버들의 월평균 수입이 114만 원으로 나왔지만 실제로는 편차가 매우 컸어. 취미로 하면서도 한 달에 5,000만 원이나 번 유튜버가 있는가 하면, 본업으로 삼고 있는데도 5만 원밖에 벌지 못한 유튜버도 있었거든. 그리고 본업으로 유튜버 활동을 하는 이들의 경우, 한 달 소득의 중간값(주어진 값들을 큰 순서대로 정렬했을 때 가장 중앙에 위치하는 값)이 150만 원에 그쳤다고 해. 이는 일반 직장인과 비교해서 그리 큰 금액이라고 볼 수 없지. 게다가 영상을 만들 때 필요한 장비나 소품을 구입하는 비용 등 각종 제작비도 들기 때문에 실제로 지갑에 들어오는 돈은 더 적을 수 있어.

그리고 유튜브를 시작한다고 해서 바로 돈을 벌 수 있는 건 아니라는 점도 알아 둘 필요가 있어. 유튜브에서 광고로 돈을 벌려면 먼저 유튜브가 요구하는 조건을 충족해야 하거든. 1년 동안 채널 내 동영상 시청 시간의 총합이 4,000시간을 넘어야 하고, 구독자 수가 1,000명 이상이어야 해. 꾸준히 콘텐츠를 만들고 사람들의 주목을 받는 유튜버에게만 돈을 벌 수 있는 기회가 주어지는 거지.

돈을 버는 방법 첫 번째, 광고

유튜버들이 어떻게 돈을 버는지 알려면 먼저 유튜브의 특성을 파악할 필요가 있어. 2000년대 초반에 UCC 열풍이 불었어. UCC는 'User Created Contents'의 줄임말로, 사용자가 직접 제작한 콘텐츠를 말해. 이전까지만 해도 시청자들은 미디어에서 제공하는 콘텐츠를 수동적으로 보기만 했는데, 이때부터 본격적으로 직접 콘텐츠를 만드는 창작자 역할도 하게 됐지.

당시만 해도 세계적으로 유튜브와 비슷한 동영상 사이트들이 많았어. 그런데 지금은 유튜브가 독보적인 최강자로 남아 있지. 어떻게 그럴 수 있었을까? 유튜브만의 무기는 바로 '광고'였어. 사람들이 한두 번 재미로 콘텐츠를 만들어 올릴 수는 있지만 매일 꾸준히 하기는 어렵잖아. 이런 문제로 인해 UCC 열풍은 금방 사그라드는 듯했어. 그러던 중 유튜브가 영상에 광고를 붙이고, 영상을 만들어 올리는 사람들과 광고 수입을 나누는 정책을 도입하면서 다른 서비스들과 차별화를 시도하게 돼. 광고 수입으로 돈을 벌 수 있으니 사람들이 지속적으로 질 좋은 영상을 만들어 올릴 동기가 생겼고, 그 결과 유튜버라는 새로운 직업이 탄생했어. 유튜브 입장에서도 더 많은 사람들이 유튜브에 콘텐츠를 올려 더욱 풍성한 서비스를 제공할 수 있게 됐지. 결과적으로 서로에게 이득이 된 거야.

이처럼 유튜버의 최대 수입원은 광고라고 할 수 있어. 우리가 시청하는 영상 전에 붙는 프리롤 pre-roll 광고, 영상 중간에 붙는 중간광고, 영상 주변에 글이나 이미지 등으로 게시되는 광고 등 다양한 형태의 광고가 유튜버의 수입이 되고 있지. 그렇다면 유튜브 광고는 얼마나 돈이 되는 걸까? 영상을 통해 수익이 나면 55%를 동영상 게시자가, 45%를 회사가 가지는 것으로 알려져 있어.

유튜버들이 광고로 버는 수입을 설명할 때 보통 '조회 수 1건당 1원'이라 말하곤 해. 하지만 돈을 버는 구조가 워낙 복잡해서 단순하게 설명한 것일 뿐, 실제로는 사람들이 어떤 광고를 보는지, 얼마나 오랫동안 보는지, 광고가 실제 클릭으로 얼마나 이어지는지 등 변수에 따라 차이가 커. 그리고 영상의 분야와 길이 등 다양한 요소에 따라서도 수입 규모가 달라지지.

또 나라마다 광고 단가도 달라. 예를 들어 동남아시아의 광고 단가가 우리나라보다 낮고 미국과 유럽은 우리나라보다 높다고 해. 똑같은 한국 유튜버라도 미국 시청자들이 많이 구독하는 채널은 돈을 더 벌 수 있는 반면, 동남아 시청자들이 많은 채널은 돈을 덜 벌 수 있다는 거지. 최근에는 유튜브 콘텐츠 내에 광고가 많아지고 우리나라의 광고 단가가 높아지면서 조회 수당 2원 정도를 기록하는 경우가 많아. 많게는 조회 수당 4원까지도 나온다고 해.

광고 말고는 돈을 벌 수 없을까?

광고 외에도 돈을 벌 수 있는 경로들이 있어. 유튜브에는 '슈퍼챗 SuperChat'이라는 기능이 있지. 유튜브 라이브 방송 도중에 구독자들이 유튜버에게 실시간으로 후원금을 보내는 기능이야. 우리나라의 또 다른 1인미디어 플랫폼인 아프리카TV의 '별풍선'과 유사하다고 보면 돼.

또 더 편리한 기능이 많은 '유튜브 프리미엄'이라는 유료 서비스를 이용하는 사람들이 있는데, 유튜브는 이들 이용 요금의 일부를 해당 유튜버들에게 나눠 주고 있어.

그 밖에 '유튜브 멤버십'이라는 서비스로도 돈을 벌 수 있어. 유튜브 멤버십은 특정한 채널에 월 단위로 구독료를 내는 유료 회원제야. 우리가 낸 돈의 70%가 유튜버에게 간다고 해. 멤버십에 가입하면 해당 유튜버가 멤버십 회원들에게만 제공하는 영상을 볼 수 있어. 댓글과 실시간 채팅에서 내 이름 옆에 멤버십 전용 배지가 뜨고 전용 이모티콘도 사용할 수 있지.

지금까지 설명한 건 유튜브가 공식적으로 제공하는 기능이야. 사실 유튜버들은 이 외에도 다양한 방법으로 돈을 벌고 있어. 기업의 후원을 받아 간접광고를 하거나 브랜디드 콘텐츠를 만들기도 하지. 나중에 자세히 살펴볼 브랜디드 콘텐츠는 쉽게 말해 콘텐츠 안에 자연스럽게 브랜드 메시지를 녹이는 광고야.

한편 일부 유튜버나 유튜브 콘텐츠를 만드는 회사들은 IP를 활용해 돈을 벌기도 해. 여기서 IP는 'Intellectual Property Rights'의 줄임말로 '지식 재산권'이라는 의미야. 예를 들어 미국 마블의 어벤져스나 아이언맨 같은 히어로들은 만화책, 애니메이션, 영화처럼 다양한 콘텐츠는 물론이고 게임, 피규어, 액세서리, 가방 등 다양한 상품에도 사용되고 있어.

유튜브에서도 고유의 캐릭터를 활용한 사업이 다방면에서 이뤄지고 있어. 초등학생들에게 인기가 많은 예능 유튜버 '흔한남매'는 만화책으로 나오면서 큰 인기를 끌었지. 게임 유튜버 도티는 영상 콘텐츠뿐만 아니라 굿즈, 문구류, 출판물 등 다양한 상품을 제작·판매해 돈을 벌고 있어. '캐리 언니'로 유명한 콘텐츠 미디어 업체 캐리소프트는 해당 캐릭터를 기반으로 한 키즈 카페, 공연 등 활발한 사업을 펼치고 있지. EBS에서 만든 캐릭터인 펭수도 다이어리, 인형, 옷 등 여러 상품을 통해 많은 사람들과 만나고 있어.

수입에 따르는 의무들

그런데 일부 유튜버들은 돈을 버는 과정에서 정직하지 않은 행위를 해 문제가 되고 있어. 앞에서 얘기한 것처럼 공개적으로 광고 콘텐츠를 만드는 경우도 있지만, 돈을 받고 만든 콘텐츠라

는 사실을 시청자들에게 제대로 알리지 않는 경우도 있거든. 나중에 자세히 살펴보겠지만 이런 광고 행위를 '뒷광고'라고 부르지. 특히 화장품이나 음식, 전자 제품 등 다양한 상품을 소개하는 제품 리뷰 콘텐츠의 경우, 유튜버가 과연 해당 제품을 직접 써 보고 좋아서 리뷰하는 건지, 아니면 기업의 돈을 받고 광고를 하는 건지 불분명할 때가 많아.

돈을 받고 만든 광고성 콘텐츠를 유튜브에 올릴 때는 '유료 광고 포함'이라는 문구를 반드시 넣어야 해. 영상에 해당 문구가 나오면 시청자들은 이 콘텐츠가 기업의 돈을 받고 제작된 것이라는 사실을 인지하게 되지. 하지만 유료 광고라는 사실을 알리지 않아야 홍보 효과가 크기 때문에 일부러 감추는 유튜버가 많아.

이보다 더 심각한 문제도 있어. 바로 탈세야. 탈세는 한마디로 내야 할 세금을 내지 않는 행위를 말해. 우리나라에 거주하는 국민이라면 누구나 돈을 버는 만큼 소득을 신고하고 이에 따른 세금을 낼 의무가 있어. 그러나 일부 유튜버들은 고의로 소득 신고를 하지 않는 등 탈세 행위를 벌여 문제가 됐지. 유튜브 광고 수입은 해외에서 입금되는 방식인데 정산받는 계좌를 자신이 아닌 다른 사람의 계좌로 바꿔서 속이거나, 광고로 번 돈을 제대로 신고하지 않는 방법으로 탈세하는 경우가 많아.

2019년 국세청은 유튜버 7명이 총 45억 원에 달하는 돈을 벌고도 이를 감춘 채 세금을 제대로 내지 않은 사실을 적발했지. 돈을 벌었음에도 '나는 안 걸리겠지.'라는 생각에 세금을 정당하게 내지 않는다면, 당장은 넘어갈지 몰라도 언젠가는 걷잡을 수 없는 독이 되어 돌아올 거야. 오랫동안 사람들에게 사랑받는 유튜버로 활동하려면, 양질의 콘텐츠를 만드는 것만큼이나 정당한 방식으로 돈을 벌고 세금을 제대로 내야 한다는 사실을 잊지 말자고.

예능보다 재미있는 광고가 탄생하다

미디어가 변하면 광고도 변해

여러분이 한 과자 회사의 대표가 됐다고 생각해 봐. 열심히 연구해서 야심 차게 신제품을 출시했어. 그런데 사람들이 무슨 맛인지도 모르는, 처음 보는 과자에 선뜻 손을 내밀기는 어려울 거야. 그럼 어떻게 해야 할까? 이 과자가 무슨 맛인지, 어떤 매력이 있는지, 양은 또 얼마나 많은지 사람들에게 널리 알릴 필요가 있겠지?

이번에는 여러분이 한 지역의 시장이나 구청장이 됐다고 생각해 보자. 시민들을 위해 좋은 정책을 만들었는데, 무슨 정책인지 모르면 사람들이 거의 신청하지 않을 거야. 사람들의 무관심에서 벗어나려면 이 정책으로 인해 누가 혜택을 볼 수 있고, 신청 절차는 어떻게 되는지 등을 자세히 알려야 해.

그렇다면 어떻게 해야 제품과 서비스, 정책을 알릴 수 있을까? 바로 '광고'를 통해 할 수 있어. 광고는 기업이나 개인, 단체가 상품이나 서비스, 정책 등을 여러 매체를 이용해 사람들에게 널리 알리는 활동을 말해. 무언가를 널리 알리려면 당연히 사람들이 많이 찾는 곳에 광고를 해야 해. 전단지를 나눠 주는 분들이 골목길이 아니라 사람들이 많이 오가는 지하철역 앞이나 번화가로 향하는 것처럼 말이야.

스마트폰으로 뉴스를 보는 지금은 상상하기 힘들겠지만, 예전에는 사람들이 종이 신문을 많이 읽었어. 지하철은 신문을 들고 있는 사람들로 가득 찼고, 두고 간 신문지를 수거하는 분들이 지하철 곳곳을 다닐 정도였지. 그래서 신문에 실리는 지면 광고는 꽤 비싼 값에 거래됐고, 큰 신문사의 전면 광고는 무려 수천만 원에 이르기도 했어.

TV 방송에서도 광고를 많이 찾아볼 수 있지? 프로그램이 시작하기 전과 후, 그리고 중간중간에 광고들이 배치되어 있어. 요즘은 프로그램 자체에도 흔히 PPL product placement 이라 부르는 간접 광고가 포함되어 있고, 인기가 많은 프로그램일수록 더 많은 광고가 붙지.

그런데 이제는 종이 신문을 보는 사람들이 많지 않고, 집에 앉아서 TV를 보는 시간도 많이 줄었어. 인터넷이 발달하고 스마트폰이 등장하면서 사람들이 모바일로 옮겨 가고, 광고도 사람들을 따라 이동하고 있지. 사람들이 유튜브를 많이 이용하니 이제는 광고도 유튜브에 많이 몰리고 있는 거야.

물론 인기 있는 매체에 광고를 한다고 해서 어떤 상품이 무조건 잘 팔린다거나, 특정 정책에 대한 관심이 갑자기 뜨거워지는 건 아니야. 사람들은 기본적으로 광고를 원하지 않잖아. 신문을 보는 이유는 기사를 읽고 싶어서이고, TV를 보는 이유는 프로그램을 보고 싶어서이고, 유튜브를 보는 이유는 영상을 보고 싶어서이지 광고를 보기 위해서는 아니니까.

그래서 어떤 매체에서든 사람들은 광고를 피하려고 노력해 왔어. 신문 기사 바로 옆에 광고가 있어도 눈길을 주지 않고, 방송 프로그램이 끝나면 잽싸게 채널을 돌리지. 유튜브에서도 최대한 빨리 '스킵 skip' 버튼을 누르고, 광고 차단 프로그램을 설치하거나 아예 유튜브 프리미엄 같은 유료 서비스에 가입해 광고를 피하는 경우가 많아.

광고야, 웹툰이야? 브랜디드 콘텐츠

이렇게 사람들이 광고를 피하다 보니 광고를 만드는 사람들은 '어떻게 하면 사람들의 주목을 더 끌어 제품이나 정책을 어필할 수 있을까?' 하는 고민에 빠졌어. 그 결과 콘텐츠만큼 재미있는 광고를 만들자는 아이디어가 나왔지. 그럼 우리가 유튜브 콘텐츠를 찾아보듯 광고를 일부러 찾아서 보고 널리 공유하려 할 테니 말이야.

이런 성격의 광고를 '브랜디드 콘텐츠 Branded Contents'라고 불러. '브랜드'와 관련된 정보나 메시지를 '콘텐츠' 안에 자연스럽게 녹여 내는 것을 뜻해. 콘텐츠와 광고의 요소를 모두 갖춘 거지. 일방적으로 정보를 전달하는 기존 광고와 달리 소비자들에게 더 친근하고 재미있게 다가가며 공감을 이끌어 낼 수 있다는 장점이 있어.

사랑받은 브랜디드 콘텐츠에는 어떤 것들이 있을까? 게임 〈브롤스타즈〉 광고는 유튜브 조회 수가 무려 1,000만 회가 넘어. 광고를 찾아서 본 사람이 이 정도라면 게임을 알리려는 목적을 충분히 달성하고도 남을 대성공이지. 이 광고는 이병헌, 이순재,

김동현, 김영철 같은 유명인들이 출연할 뿐 아니라 사람들이 잘 아는 〈꽃보다 할배〉, 〈내부자들〉, 〈삼국지〉 같은 유명 작품들을 패러디한 요소를 '밈'(meme, 인터넷에서 반복적으로 공유되는 말이나 문화)으로 활용하면서 주목을 받았어.

웹드라마 형식의 브랜디드 콘텐츠들도 있는데, 그중 한 가지 사례를 소개할게. 이 영상은 엄마가 초등학생으로 보이는 딸과 함께 시장에 가는 장면으로 시작해. 아이는 무척 천진난만해 보여. 그러다 갑자기 아이가 사라지고, 엄마는 우여곡절 끝에 아이를 찾는데 아이는 그사이 할머니로 변해 있어. "저는 엄마가 되었습니다"라는 자막은 "저는 엄마의 엄마가 되었습니다"로 바뀌지. 천진난만해 보였던 딸은 사실 치매에 걸려 아이같이 변한 엄마였던 거야. 시청자가 이 사실을 깨닫는 순간, 부양가족의 59.3%가 치매 가족을 돌보는 것을 부담스러워한다는 내용의 자막이 떠. 그리고 치매 문제를 국가 차원에서 책임지고 관리하는 '치매 국가 책임제' 정책이 소개되지. 일반 웹드라마인 줄 알았는데 알고 보니 정책 광고였던 거야. 평범하게 치매 국가 책임제를 소개하는 광고를 만들었다면 어땠을까? 아마 대부분 눈길을 주지 않았을 거고, 이렇게까지 주목받지 못했겠지.

유튜버를 통해 브랜디드 콘텐츠를 제작하는 컬래버레이션 콘텐츠 Collaboration Contents도 있어. 광고를 의뢰받은 유튜버가 자신의 콘텐츠를 브랜디드 콘텐츠로 만드는 식이야. 이 경우에는 유튜버의 정체성과 광고의 대상이 잘 맞아떨어져야 해. 뷰티 콘텐츠를 주로 만드는 유튜버에게 게임 광고를 의뢰하거나, 먹방 유튜브 채널에 화장품 광고를 하는 건 그리 적절하지 않겠지?

컬래버레이션 콘텐츠의 대표적인 예로 유튜버 '장쀄쭈'의 콘텐츠를 들 수 있어. 장쀄쭈는 애니메이션을 바탕으로 코믹한 더빙을 입혀 웃음을 유발하는 콘텐츠를 주로 만들어. 장쀄쭈가 제작한 플레이스테이션 게임기 광고는 일반 광고와는 다르게 웃으면서 끝까지 보게 되는데 내용은 다음과 같아. 아버지가 플레이스테이션 게임기를 샀는데 아내에게 혼날까 봐 인터넷 공유기를 바꾼다고 속이고 집에 설치하려고 해. 잘 넘어가는가 싶었는데 집에 온 아들이 게임기를 발견하면서 위기가 찾아와. 아버지가 아들에게 눈치를 주면서 겨우 위기 상황을 모면하는가 했는데, 뒤이어 들어온 아들 친구가 게임기라고 소리치면서 모든 게 들통난다는 내용이지. 분명 광고이지만 재치 있는 스토리텔링으로 보는 이들의 흥미를 유발했어.

공식적이고 딱딱한 이미지를 벗고

요즘은 기업이나 공공 기관이 직접 유튜브 채널을 개설해 사람들과 지속적으로 소통하는 경우도 많아. 유튜브 시대가 되면

서 이제 누구나 콘텐츠 제작자가 되고 사람들과 직접 소통할 수 있게 됐잖아. 기업이나 지방자치단체, 공공 기관도 예외가 아닌 거지. 이렇게 하면 '뒷광고' 논란에서 자유롭다는 장점도 있어.

공무원 하면 왠지 딱딱한 이미지가 떠오르지? 그중에서도 군대는 '끝판왕'이라고 할 수 있을 거야. 그런데 요즘은 군대에서도 유튜브를 통해 콘텐츠를 제작해서 의외로 인기를 끌고 있어. 육군과 국방부 유튜브 채널을 보면 웹드라마에 군대 생활을 녹여내기도 하고, 군에서 주로 다루는 소재인 전쟁과 무기에 대한 역사 토크쇼 〈토크멘터리 전쟁사〉를 제작해 '밀리터리 덕후'와 '역사 덕후'를 끌어모으기도 하지. 〈토크멘터리 전쟁사〉가 갑자기 종영되자 구독자들의 항의가 빗발칠 정도였어.

한편 부산시 교육청은 '존중'이라는 슬로건을 내걸고 교육감이 직접 출연해서 "존중!", "리스펙!"을 외치는 장면을 음악과 함께 코믹하게 편집해 큰 인기를 끌었어.

공공 기관 유튜브가 세계로 뻗어 나간 일도 있어. 한국관광공사가 만든 홍보 영상 'Feel the Rhythm of Korea(한국의 리듬을 느껴 보세요)'는 유튜브와 소셜미디어 등을 통해 누적 조회 수가 무려 3억 회를 넘어설 정도로 전 세계적인 주목을 받았어. 영상을 보면 등장인물의 난해한 춤 동작, 판소리, 국내 관광 명소가 한데 나타나는데, 언뜻 전혀 어울릴 것 같지 않은 세 요소가 모여 이른바 'B급 감성'을 만들어 내며 그야말로 '대박'을 터뜨린 거야. 등장인물의 정체와 춤추는 장소가 궁금해질 때쯤 1분 40초짜리 영상은 끝이 나 버려서 여운이 크게 남지.

여러 기업에서도 직접 유튜브 채널을 운영하고 있어. 기업 유튜브 채널 중에는 롯데면세점이 유명해. 이 채널에서는 제품을 개봉해 보는 '언박싱unboxing'이나 인플루언서의 상품 리뷰 등 면세점 성격에 잘 맞는 콘텐츠를 올리고 있어. 면세점은 외국인들도 많이 찾는 곳이기에 한류 스타들이 등장하는 영상도 많이 올리는데, 이런 영상에는 제목과 자막에 영어를 넣어서 외국인 시청자들과도 소통하지.

그리고 기업에서도 펭수와 같은 캐릭터를 만들어 유튜브에서 주목받기도 해. 음료와 과자를 만드는 기업 빙그레의 '빙그레우스'라는 캐릭터가 대표적이지. 중세 유럽 귀족 같은 모습을 하고 있지만 썰렁한 '아재 개그'를 남발하는 이 캐릭터는 마니아 층을 만들어 냈고, 빙그레 제품에 이 캐릭터가 등장하는 식으로 시너지 효과를 내고 있어. 빙그레우스가 인기를 끌자 '비비빅 군', '투게더고리 경' 등 빙그레의 제품명을 응용한 다양한 캐릭터가 등장하기도 했어.

　이렇게 우리의 시선을 끄는 재미있는 광고와 홍보성 콘텐츠는 미디어 환경이 변하면서 많은 고민 끝에 탄생한 결과물이라고 할 수 있어. 앞으로도 유튜브에서 얼마나 기발한 광고들이 계속해서 나올지 기대해 봐도 좋을 것 같아.

나를 자꾸 따라다니는 광고의 비밀

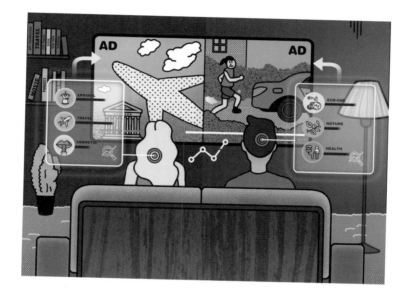

나보다 나를 더 잘 아는 광고

얼마 전에 살이 덜 찌는 저칼로리 아이스크림이 있다는 얘기를 듣고 궁금해서 인터넷에서 검색해 봤어. 그 뒤로 각종 인터넷 사이트를 방문할 때마다, 심지어 유튜브에서 영상을 볼 때도 내가 검색했던 아이스크림 광고가 계속 뜨더라고. 아마 여러분도 비슷한 경험이 있을 거야. 내 머릿속에서는 이미 지워졌는데 인터넷은 잊지 않고 나에게 계속해서 광고를 보여 주면서 특정 제품을 사라고 권유하곤 하지.

이런 광고를 '개인 맞춤형 광고', 또는 '타깃 광고'라고 불러. 개인 맞춤형 광고가 등장하기 전에는 기업들이 광고를 내보낼 때마다 고민이 많았어. 기업이 광고를 만드는 이유는 자신들이 만든 제품을 사람들이 구입하게 하기 위해서잖아. 그런데 그 제품에 관심이 없는 사람에게 광고하면 효과가 떨어지겠지. 예를 들어 여러분의 할아버지에게 모바일 게임 광고를 보여 주거나, 여러분에게 직장에서 필요한 사무용품 광고를 보여 주면 관심을 끌기 어려울 거야. 신문이나 잡지, 방송에서는 모든 사람에게 똑같은 광고를 보여 줄 수밖에 없으니, 기업 입장에서는 내보낸 광고가 해당 상품을 주로 구매하는 사람들에게 제대로 전달됐는지 확신을 가질 수 없었지.

그래서 개인 맞춤형 광고가 등장했어. 해당 제품에 관심을 가질 만한 사람이 누구인지 추적하고, 타깃으로 정한 사람에게만 광고를 노출하면서 효과가 훨씬 커졌어. 게임을 좋아하는 청소년에게는 게임 광고를 보여 주고, 화장을 주로 하는 성인에게는 화장품 광고를 보여 주고, 건강에 관심이 많은 중·장년층에게는 건강 기능 식품 광고를 보여 줄 수 있게 된 거야.

개인 맞춤형 광고를 가장 잘 활용하는 기업이 바로 구글이야. 구글은 '애드센스 AdSense'라는 광고 프로그램을 만들었어. 인터넷 사이트나 블로그를 운영하는 사람들이 애드센스에 가입하면 방문자들에게 맞춤형 배너 광고가 제공되는데, 이때 방문자가 해당 광고를 클릭하면 구글이 광고주에게 받은 돈의 일부를 운영자에게 나눠 주는 방식이지. 운영자와 수익을 나눠 갖는 이 같은 방식은 구글이 유튜브를 인수하면서 유튜브에도 그대로 적용됐어. 이렇게 우리가 매일 보는 유튜브 속 개인 맞춤형 광고가 탄생한 거야.

정말 우리를 위한 걸까?

광고를 하는 기업 입장에서 유튜브 광고는 매력적이야. 유튜브는 많은 사람들이 이용하는 데다 광고 노출 대상의 연령을 18~24세, 25~34세, 35~44세 등으로 세분화해서 설정할 수 있기 때문에 광고가 노리는 대상에 정확하게 도달할 수 있다는 장점이 있어. 나이뿐 아니라 성별, 취향에 따른 광고 추천도 가능하지. 그 결과 유튜브는 많은 돈을 벌 수 있었어. 유튜브의 2019년 기준 광고 매출은 무려 151억 5,000만 달러, 우리 돈으로 약 16조 원이 넘는 규모라고 해.

앞서 말했듯이 유튜브 광고에는 여러 종류가 있어. 먼저 영상을 재생할 때마다 앞에 붙는 광고가 있지? 이런 광고는 주로 몇 초 지나면 '스킵'을 눌러서 넘길 수 있게 설정되어 있어. 그런데 바로 스킵 버튼을 누르면 광고비가 거의 정산이 되지 않는다고 해. 그래서 팬들은 자신이 좋아하는 유튜버를 위해서 일부러 광고를 끝까지 보기도 하지. 종종 짧은 광고는 스킵이 되지 않는 경우도 있는데, 광고주가 설정하기 나름이라고 해.

이 외에도 유튜브 곳곳에서 광고가 튀어나오고 있어. 언제부턴가 유튜브에도 TV 방송처럼 영상 도중에 나오는 중간광고가 생겼지. 중간광고는 일정 시간을 넘는 영상에 붙는데, 중간광고가 들어가는 위치는 유튜버가 아니라 유튜브의 인공지능이 임의로 정한다고 해. 영상 광고뿐 아니라 영상 아래에 배너로 뜨는 광고들도 있지. 모바일에서는 영상 아래에 광고 문구가 뜨는 반면에, 컴퓨터에서는 배너가 영상 일부분을 덮고 있어서 × 표시를 눌러 지우지 않으면 영상을 제대로 못 볼 때가 있어.

유튜브는 어떻게 우리가 관심을 가질 만한 광고가 무엇인지 잘 알고 있는 걸까? 그건 바로 우리가 인터넷을 사용하면서 남긴 정보들을 하나하나 기록하고 있기 때문이야. 유튜브는 지금 이 순간에도 우리가 어떤 키워드로 검색을 했는지, 어떤 영상을 주로 시청했는지, 스킵한 광고와 끊지 않고 본 광고는 무엇인지 등, 우리의 유튜브 이용 정보를 기록하고 있어. 유튜브에 광고를 노출하려는 기업은 이를 토대로 사람들의 지역, 나이, 관심사 등의 정보를 파악해 맞춤형 광고를 내보내는 거야.

우리가 관심을 가질 만한 광고를 알아서 골라 보여 주니까 그리 나쁠 게 없지 않냐고 생각할 수 있어. 하지만 유튜브의 맞춤형 광고는 엄연히 유튜브라는 기업이 돈을 벌기 위해 설계한 거라는 사실을 잊으면 안 돼. 우리가 좋아할 만한 영상을 추천해 주는 기능이 이용자를 위한 것처럼 보이지만, 사실 그 주인공은 우리가 아니라 광고라고 할 수 있어. 우리는 유튜브에서 영상을 많이 보면 볼수록 그만큼 많은 광고를 보게 돼. 그리고 광고를 많이 볼수록 유튜버와 유튜브는 더 많은 돈을 벌게 되지.

실제로 유튜브의 추천 시스템 담당자로 일했던 사람이 영국 일간지 《가디언》을 통해 이 같은 사실을 뒷받침하는 내용을 폭로한 적이 있어. 그는 유튜브의 콘텐츠 추천 알고리즘이 가장 중요하게 생각하는 건 시청 시간이라고 밝혔지. 사람들이 영상을 더 오래 보도록 유도해 결과적으로 광고 수입을 늘리는 것이 목적이라고 말이야.

내가 프로파일링되고 있다면

개인 맞춤형 광고의 가장 큰 문제는 뭘까? 바로 우리의 개인 정보가 지나치게 많이 수집되는데도 정작 우리가 그 사실을 제대로 알기 힘들다는 점이야. 우리가 유튜브를 통해 남긴 기록들을 구글에서 수집해 다른 서비스에도 이용한다는 사실, 알고 있니? 유튜브만 해도 온 국민이 쓰는 서비스인데, 거기에 더해 안드로이드폰 OS, 구글 검색 엔진, 구글 맵, 구글 포토 등 여러 경로로 개인 정보를 수집하고 공유한다고 해. 전 세계인이 이들 서비스를 일상적으로 이용하고 있으니, 구글의 맞춤형 광고는 그 어떤 서비스보다 더 많은 개인 정보를 폭넓게 수집해서 이루어진다고 할 수 있어.

이렇듯 구글은 유튜브를 비롯한 여러 서비스에서 얻은 정보를 바탕으로, 마치 탐정이 범죄자를 프로파일링(범죄 현장을 분석하여 범인의 특징을 추론하는 수사 기법)하는 것처럼 우리가 어떤 사람인지에 대한 데이터를 정리해 두고 있어. 이를 통해 사람들의 수입과 취미 등 각종 신상 정보를 유추하지. 이처럼 개인 정보가 인터넷상에서 점점 더 상세하게 수집되면서 구글은 우리가 어떤 종교를 갖고 있고, 건강 상태는 어떤지, 어떤 성적 지향을 갖고 있는지까지 알 수 있다고 해. 물론 이런 정보는 민감 정보로 분류되기 때문에 광고에 활용하고 있지는 않아. 하지만 이렇게나 민감한 개인 정보를 유튜브와 구글이 알고 있다는 것 자체가 큰 문제라고 할 수 있지. 유튜브와 구글은 개인 정보를 광고에 활용하는 문제로 여러 번 제재를 받기도 했어. 미국에서는 '아동 온라인

사생활 보호법'에 따라 13세 미만 어린이의 데이터를 수집하는 일이 금지되어 있거든. 그런데 유튜브는 그간 어린이에게도 맞춤형 광고 추천을 하고 있었고, 이에 대해 시민 단체가 문제 제기를 했던 거야. 그래서 2020년부터는 어린이를 대상으로 한 콘텐츠에 맞춤형 광고를 붙이지 않기로 했어.

프랑스는 구글에 5,000만 유로, 그러니까 약 670억 원의 어마어마한 과징금을 부과한 적이 있어. 프랑스에서는 기업이 사람들의 개인 정보를 수집할 때 해당 정보가 어떤 목적으로 이용될지 이용자들에게 반드시 명확하게 설명하도록 되어 있는데, 구글이 해당 규정을 지키지 않았다는 이유에서였지. 실제로 구글은 안드로이드 폰에서 "당신의 정보를 광고에 활용하는 데 동의하십니까?"라고만 물었어. 이 경우에 사람들은 안드로이드 운영체제 내에서만 자신의 정보가 활용된다고 이해할 수 있지만, 구글은 구글 포토, 구글 맵은 물론 유튜브에도 해당 정보를 제공하고 있잖아.

2019년 우리나라의 공정거래위원회도 구글이 지메일 계정에 가입할 때 무려 57개에 달하는 개인정보 수집 항목에 동의하게 하는 등 너무 많은 개인정보를 가져가는 문제를 조사하고 시정하라고 권고했어.

내 '발자국'을 보호하는 방법

유튜브는 우리에게 무료로 다양한 영상을 제공한다는 점에서 분명 좋은 서비스야. 하지만 유튜브 역시 영리 추구를 주된 목적으로 하는 기업이라는 사실을 잊어선 안 돼. 개인 정보라는 우리의 발자국 하나하나가 유튜브가 돈을 버는 데 기여하는 거야.

그러니 앞으로 유튜브에서 영상을 볼 때 개인 맞춤형 광고가 지니는 문제점을 한 번씩 떠올려 보면 좋을 것 같아. 여기서 한걸음 더 나아가 유튜브의 광고 추천 자체를 거부하는 방법도 있어. 구글 사이트에서 '내 계정'에 들어가면 '데이터 및 맞춤 설정'이라는 메뉴가 있어. 이 메뉴에 들어가 '광고 개인 최적화'를 '사용 안함'으로 설정하면, 나에게 맞춤 설정된 광고 표시를 중지할 수 있어. 유튜브 서비스 내에서도 '시청 기록' 메뉴에 들어가면 기록을 지우거나 수집을 일시 중지할 수 있지. 그리고 '시크릿 모드'를 켠 상태에서는 아예 시청 기록이 수집되지 않으니 필요할 때 활용하면 좋아.

유튜브가 추천하는 광고를 아무 생각 없이 무조건 받아들이지 않고 우리 스스로 비판적으로 제어한다면 더 능동적인 이용자가 될 수 있어. 그리고 앞으로 유튜브가 우리의 개인 정보를 어떻게 수집하고 어디에 사용하는지 더욱 투명하게 공개하도록 제도도 개선해 나갈 필요가 있지. 우리의 개인 정보를 보호하는 문제에 계속해서 관심을 가지면 좋겠어.

나도 모르게
도둑질을 할 수도 있다고?

저작권이 뭔가요?

인터넷으로 TV 콘텐츠를 보는데 화면이 이상하게 나오는 걸 본 적 있지? 화면 속 특정 부분만 확대되어 있거나, 방송사 로고를 다른 이미지로 가리거나, 또는 재생 속도를 조금 더 빠르게 한 영상 말이야. 대부분 저작권을 침해한 불법 영상들이지. 인터넷 기업들은 저작권 침해와 무단 도용 여부를 검사할 때 자동화된 시스템으로 실제 방송 콘텐츠와 대조하는데, 이를 피하기 위해 영상의 특정 부분을 다르게 바꾼 거야.

'저작권'이란 창작물을 만든 사람이 자신의 창작물, 즉 저작물에 대해 가지는 권리야. 창작물을 만든 사람의 노력과 가치를 인정하고 이들의 권리를 보호하기 위한 법이 바로 '저작권법'이지. 여러분이 열심히 노력해서 숙제를 했는데 친구가 그 내용을 그대로 베껴서 발표한다면 어떤 기분이 들까? 내가 공들여 만든 결과물을 다른 사람이 훔친 것과 다름없으니 화가 많이 날 거야. 그동안 고생한 보람이 사라지고 의욕도 꺾여서 앞으로 열심히 하고 싶은 마음이 들지 않을 수도 있어.

이처럼 누군가가 창작한 소설, 시, 음악, 그림, 영상 등을 훔치면, 그로 인해 창작자들의 수익이 줄어들고 창작 의욕이 떨어지는 등 큰 피해가 갈 수 있어. 그뿐 아니라 우리 모두에게 부정적인 영향을 미치게 돼. 창작자들이 더 이상 창작을 하지 않게 되면 재밌는 웹툰, 드라마, 영화, 유튜브 콘텐츠를 접할 기회를 잃게 될 수도 있기 때문이지.

저작권 침해 문제가 가장 심각한 공간이 바로 유튜브야. 유튜브는 그 어떤 인터넷 동영상 서비스보다 더 많은 영상을 제공하고 누구나 자유롭게 영상을 올릴 수 있기 때문에 저작권 침해 신고가 끊이지 않고 있어. 2019년 9월 방송통신위원회의 국정감사 제출 자료에 따르면, 지상파 방송사와 종합편성채널 8개 회사의 저작권 침해 신고 건수는 2019년 상반기 기준으로 15만 건이 넘었는데, 이 중 13만 건이 유튜브에 대한 신고였어.

일부러 훔치지 않았다고 해도

남이 만든 영상을 그대로 가져가는 일이 저작권법을 위반하는 행위라는 건 다들 잘 알고 있을 거야. 그런데 저작물에 해당하는 콘텐츠는 우리가 생각하는 것보다 더 광범위해. 예를 들어 친구들과 함께 동네에서 추격전을 하며 노는 내용을 영상으로 만들어 올렸다고 가정해 보자. 〈겨울 왕국〉의 엘사 캐릭터를 넣고, 인터넷에서 가장 인기가 많은 폰트를 자막에 넣고, 포털 사이트에 올라온 기사 속 사진도 넣고, 방탄소년단의 노래도 한 구절 넣었다면?

자칫하면 저작권 침해로 콘텐츠가 삭제되거나 최악의 경우에는 소송을 당해 벌금을 낼 수도 있어. 캐릭터, 폰트(서체), 언론사의 사진, 음악은 모두 저작물에 해당해. 영상에 들어가는 자막을 쓸 때 내 컴퓨터에 저장된 폰트를 사용하는 건 문제없다고 생각하기 쉽지만, 저작권법에서는 폰트 파일도 컴퓨터 프로그램 저작물로서 보호하고 있어. 폰트를 만든 사람이나 업체가 이를 상업적인 용도로 써선 안 된다고 규정했을 수 있기 때문에, 내가 쓰는 폰트가 무엇이고 사용 가능 범위는 어떻게 되는지 꼼꼼히 따져 봐야 해. 실제로 유튜버들이 영상을 만드는 과정에서 폰트를 무단으로 써서 업체에 의해 고소당하는 일이 적지 않게 발생하고 있어.

음악도 마찬가지야. 인터넷에서는 음악을 5초, 또는 15초 이내로만 쓰면 문제가 없다는 식으로 설명하는 경우가 있는데 꼭 그렇지는 않아. 구체적인 상황에 따라서 법적 판단이 다르게 내려지긴 하지만 원칙적으로는 1초라도 함부로 써서는 안 돼.

이 설명을 듣고 나면 좀 의아할 수 있을 거야. 유튜브 콘텐츠 중에 분명 저작권을 위반한 것처럼 보이는데도 내려가지 않는 영상이 많기 때문이지. 여기에는 몇 가지 이유가 있어. 우선 저작권에서는 피해 당사자의 의사가 중요해. 당사자가 신고하지 않으면 저작권 침해 행위에 해당한다 해도 처벌받지 않을 수 있어. 인기 캐릭터의 사용 자체를 금지하는 경우가 있는 반면, '짤'로 활용하는 정도는 크게 신경 쓰지 않는 경우도 있는 것처럼 말이야. 물론 당사자가 나중에라도 신고할 수 있으니 웬만하면 사용하지 않는 게 좋지.

정당한 인용일까, 아닐까?

그렇다고 저작물을 무조건 활용할 수 없는 것은 아니야. 저작권 소유자에게 허락을 받을 필요 없이 저작물을 사용할 수 있는 저작권법상 예외 사항이 있기 때문이지. 이 예외 사항을 법적으로 '공정 이용'이라고 하는데, 비평·연구·교육 등의 목적에 한해 저작물을 이용할 수 있도록 허용하는 거야. 유튜브를 보면 새로 나온 웹툰이나 책, 드라마, 영화 등을 소개하고 자신의 생각을 정리하는 영상이 많이 있어. 바로 이런 경우가 공정 이용에 해당할 수 있지.

다만 이때도 저작물을 제한 없이 마음껏 사용할 수 있는 건 아니야. 예를 들어 책 내용 일부를 인용하고 대략적인 줄거리를 설명하면서 자신의 생각을 밝힐 수는 있지만, 내용을 지나치게 자세히 보여 주는 건 법적으로 문제가 될 수 있어. 드라마 리뷰를 한다고 하면서 드라마의 중요한 내용까지 다 말해 버린다면 창작자에게 피해를 끼치는 일이 되겠지. 그러니 공정 이용에 대한 판단은 '케바케', 경우에 따라 다르다는 걸 알아 둬야 해.

한편 저작권법 위반 여부를 판단하기가 복잡한 경우도 있어. 영상에서 가수의 노래를 따라 부르거나 춤을 따라 추는 건 저작권법 위반일까, 아닐까? 2008년에 한 남자가 자신의 딸이 손담비의 노래 〈미쳤어〉를 따라 부르는 영상을 개인 블로그에 올린 일이 있었어. 한국음악저작권협회는 이 영상이 저작권을 침해했다며 이의 제기를 했고, 포털 사이트에서 이 영상을 차단해 버렸지. 영상을 올린 사람은 해당 포털 사이트와 한국음악저작권협회를 상대로 소송을 제기해서 승소했어. 재판부는 해당 영상이 비상업적인 블로그에 올린 영상이었고, 음원을 사용하지도 않았으며, 원저작물의 음정이나 박자 등과 무관하게 후렴구 일부를 흉내 낸 것에 불과하다는 이유를 들면서 저작권 침해가 아니라고 판단했지.

반면에 학원 홍보 목적으로 만든 영상에서 가수의 안무를 그대로 따라 한 댄스 학원은 저작권법 위반이라는 법원의 판결을 받아야 했어. 춤이 똑같고 상업적인 목적이 있었다는 점을 반영한 판결이야. 가수 싸이는 브라운아이드걸스의 춤을 따라 추는 장면을 자신의 뮤직비디오에 넣으면서 저작권료를 지불하기도 했지. 이처럼 여러분이 노래를 부르거나 춤을 추는 영상을 올린 경우도 구체적인 상황에 따라 법적 소송에 휘말릴 수 있으니 유의할 필요가 있어. 특히 비슷하게 따라 하고 돈을 벌기 위한 목적이 있다면 더더욱 법을 위반할 가능성이 높아진다고 보면 돼.

자유롭게 활용할 수 있는 콘텐츠는 없을까?

설명을 들을수록 답답한 기분이 들지? 창작자의 권리를 보호하는 일이 중요하다는 것은 물론 알지만 이렇게 막기만 하면 어떻게 콘텐츠를 만들라는 건지 의문이 들 거야. 그렇다고 너무 낙담하지는 않아도 돼. 모든 저작물을 활용할 수 없게 막아 둔 건 아니거든. 창작물을 무조건 저작권법으로 보호하기만 하면 다른 사람들의 창작 활동을 막아서 오히려 다양한 콘텐츠가 나오지 못할 수도 있다고 생각한 사람들도 있었어. 저작권을 보호해야 창작자들에게 도움이 되겠지만, 한편으로는 자유롭게 활용할 수 있게 해 줄 때 콘텐츠를 만드는 사람들의 창작 의욕이 올라가고 더 풍부한 내용의 콘텐츠를 만들 수 있게 되니까 넓게 보면 이익이 될 수 있어. 그런 면에서 저작권은 '양날의 검'과 같은 거지.

앞서 방송사들이 '짤'에 대해서는 보통 법적 대응을 하지 않고 있다고 했잖아. '짤'이 많이 만들어지고 퍼질수록 해당 방송 콘텐츠가 사람들 사이에서 널리 알려지는 홍보 효과가 있기 때문이야. 오래된 SBS 드라마 〈야인시대〉에 김두한 역으로 출연했던 배우 김영철에 대한 짤을, 저작권을 보호하기 위해 막았다면 '4달러'와 같은 '밈'은 탄생하지 못했을 거야. 게임과 영화 리뷰를 어느 정도 허용하는 것도 바로 홍보 효과 때문이지.

콘텐츠를 못 쓰게 하는 대신 공유함으로써 세상을 더 좋게 만들 수 있다는 의미에서 '크리에이티브 커먼즈 라이선스_{Creative Commons License}'라는 개념이 만들어졌어. 줄여서 CCL이라고 하는데, 이

용자가 창작물에 대해 일정한 조건을 지키면 얼마든지 활용해도 좋다는 내용을 표시한 기호야.

CCL은 총 4개의 기준으로 분류할 수 있어. 이 기준들 중 여러 개가 동시에 제시될 수도 있지. '저작자표시(BY)'는 저작자가 누구인지 표시하면 마음껏 활용할 수 있다는 의미야. '비영리(NC)'는 상업적으로 돈을 버는 영리 활동이 아닌 경우에만 활용할 수 있어. '동일조건변경허락(SA)'은 원래 콘텐츠와 똑같은 CCL 조건을 붙이는 대가로 내용을 수정할 수 있는 경우이고, 반대로 '변경금지(ND)'는 내용을 수정할 수 없는 경우야.

CCL 콘텐츠를 비롯해 저작권에서 자유로운 콘텐츠는 어떻게 찾을 수 있을까? 구글에서 검색을 할 때 검색창 아래에 있는 '설정'에서 '고급 검색'을 클릭하면 사용 권한을 설정해서 검색할 수 있어. 특히 이미지를 찾아볼 때 유용한 검색 방법이야.

그 밖에 무료로 활용이 가능한 소스를 찾는 팁을 몇 가지 알려 줄게. 유튜브에서 로그인을 한 뒤에 내 채널의 '오디오 보관함'에 들어가면 저작권 프리 음악과 효과음을 검색해서 다운로드 받을 수 있어. 이 중에서 내가 만든 콘텐츠의 스타일, 분위기와 잘 맞는 음악을 찾아 활용하면 돼.

폰트는 IT 기업들이 무료로 제공하는 경우가 있고, 정부나 기업에서 한글날 기념으로 무료 폰트를 만들어 배포하기도 해. 이런 폰트들은 포털에서 '무료 폰트'를 검색하면 찾을 수 있어. 참고로 개인의 다운로드만 허용되고 상업적으로는 이용할 수 없는 경우도 있으니 잘 구분해서 살펴봐야 해.

우리 모두 유튜버가 될 수 있는 시대인 만큼 저작권에 대해서 충분히 알아 둬야 해. 콘텐츠를 제작할 때 최대한 창작자의 권리를 침해하지 않도록 조심해야 한다는 점, 잘 알았지? 법을 제대로 알지 못했다고 해서 위반했을 때 보호받을 수는 없어. 저작권을 침해하는 일인지 몰랐다며 아무리 하소연하고 뒤늦게 후회해 봤자 소용없을 수 있으니 미리 꼼꼼하게 따져 보길 바랄게.

또 하나의 콘텐츠, 댓글

유튜브의 또 다른 주인공

"유튜브가 한국어를 차별하고 있다."

유튜브에서 〈영국 남자〉 채널을 운영하는 유튜버 조시 캐럿이 이런 폭로를 한 적이 있어. 자신의 유튜브 영상에는 일반적으로 한국어 댓글이 70~80% 비율로 달리는데, 막상 댓글 창을 보면 한국어보다 영어 댓글이 훨씬 더 많이 보인다는 거야. 처음 그가 이 문제를 유튜브에 문의했을 때는 '단순한 버그(시스템 착오)'라는 답변을 받았는데, 나중에 유튜브 관계자들과 미팅을 하면서 유튜브에서 의도적으로 댓글 배열을 바꿨다는 사실을 알게 됐다고 해. 왜 그랬을까?

유튜브는 영어 댓글을 우선순위로 올려 잘 보이게 하면 한국이 아닌 다른 나라에서 시청자 유입에 도움이 되는지 테스트했다고 설명했어. 그간 유튜브는 여러 영상에 달린 한국어 댓글을 의도적으로 덜 노출되게 조정했다는 의혹을 받아 왔는데, 실제로 해당 유튜버나 이용자에게 사전에 동의를 구하기는커녕 아무런 설명조차 없이 이런 시도를 했다는 사실이 밝혀지자 많은 사람들에게 비판받았지.

이 논란을 지켜보면서 한편으로는 유튜브가 그만큼 댓글에 많은 관심을 갖고 있다는 걸 느낄 수 있었어. 유튜브가 영상을 추천하는 알고리즘 기술을 꾸준히 발전시켜 나가고 있다는 사실은 알았지만, 댓글이 배열되는 순서까지 바꾸면서 사람들의 반응을 살피고 있는지는 몰랐거든.

유튜브는 왜 이렇게까지 댓글에 신경을 쓰는 걸까. '댓글'이 유튜브에서 빼놓을 수 없는 중요한 요소로 자리매김했기 때문일 거야. 유튜브에서는 영상 못지않게 재미있고 기발한 댓글들이 우리의 시선을 사로잡지. 가수 비의 노래인 〈깡〉에서 '1일 1깡'이라는 유행어를 탄생시킨 일등 공신도 바로 유튜브 댓글이었어. 유튜브에서 해당 뮤직비디오 영상을 본 시청자들이 유머와 놀림이 섞인 댓글들을 활발하게 달면서 '밈'이 만들어졌으니 말이야.

유튜브의 댓글, 왜 특별할까?

사실 인터넷에서 영상을 보고 댓글을 달 수 있는 서비스는 유튜브 외에도 많아. 그런데 유독 유튜브에서 이용자들의 댓글 활동이 활발한 비결은 뭘까? 그건 바로 유튜브가 댓글 서비스에 큰 공을 들이고 있기 때문이야.

우선 다른 서비스와 유튜브의 댓글 관련 정책을 비교해 보자. 대부분의 서비스들은 댓글을 시간 순, 혹은 '추천'이나 '좋아요' 수가 많은 순서대로 보여 주고 있어. 이와 달리 유튜브는 '좋아요' 수가 많은 댓글을 우선으로 보여 주면서도 댓글 작성자가 해당 채널에서 꾸준히 활동했는지 등 여러 정보를 함께 검토하고 있어. 그리고 이 기준은 수시로 진행되는 테스트를 통해 조금씩 바뀌며 최적화되고 있지.

한편 다른 서비스들은 댓글 창으로 이동하면 영상을 볼 수 없는 경우가 많은데, 유튜브(모바일 버전)에서는 영상을 보는 동시에 댓글을 읽거나 쓸 수 있어. 워낙 인상적인 댓글이 많다 보니,

영상을 보다가 지루한 부분이 나오더라도 댓글을 읽으면서 계속해서 콘텐츠를 소비하곤 하지. 이처럼 유튜브는 댓글을 콘텐츠와 함께 즐기면서 이용자들이 계속 머물게 하고 있어.

유튜브에서 '○○:○○' 형식의 파란색 숫자가 붙은 댓글을 누르면 영상이 해당 시간대로 곧바로 이동하는 기능을 다들 한 번쯤 이용해 본 적 있을 거야. 이 기능을 '타임 스탬프'라고 하는데, 마치 책에 책갈피를 끼운 것처럼 원하는 장면을 빨리 찾을 수 있고, 특정 장면에 대해 하고 싶은 말을 덧붙일 수도 있지. 이용자들은 영상에서 사람들과 공유하고 싶은 부분이 있거나 구간별로 내용을 요약하고 싶을 때 이 기능을 즐겨 사용해. 나 역시 영상을 보고 나면 꼭 타임 스탬프가 붙은 댓글을 확인하고 클릭하게 되더라. 유튜브는 이 같은 기능을 통해 이용자들이 더욱 활발한 댓글 활동을 하면서 콘텐츠를 즐기도록 하고 있어.

유튜브 댓글은 시청자뿐 아니라 유튜버도 적극적으로 참여한다는 점에서 특히 매력적이야. 다른 서비스들에 비해 유튜브에서는 크리에이터와 시청자 사이의 소통이 무척 활발해. 내가 쓴 댓글에 유튜버가 '좋아요'를 누르거나 대댓글을 쓰면 알림이 뜨기 때문에 즉각 확인하고 소통을 이어 갈 수 있지. 또 유튜버가 자기 마음에 드는 댓글이 있으면 상단에 고정할 수 있는 기능도 있어.

채널 운영자들이 다른 채널에 댓글을 달기도 해. 유병재가 자신의 채널에 옛날 힙합 노래를 부르는 콘텐츠인 '탑골힙합 다시 부르기'를 올린 적이 있어. 이때 원곡의 래퍼가 직접 댓글을 달아서 "찐(진짜)이 나타났다"는 대댓글이 넘쳐났지. 이렇게 본인이 등판하는 걸 보는 것도 유튜브에서는 빼놓을 수 없는 재미야.

댓글에서 프로그램이 탄생하다

이처럼 댓글이 활성화된 유튜브 공간에서 댓글은 그 자체로 콘텐츠인 동시에 새로운 콘텐츠를 만드는 원동력이 되기도 해. 영상의 장르는 달라도 대부분의 유튜버들이 공통적으로 꼭 올리는 영상이 있어. 바로 'Q&A 영상'이야. 시청자들이 댓글로 유튜버에 대해 궁금한 점을 물어보면 해당 유튜버가 질문들을 추려 답변하는 영상이지. Q&A 영상이 올라오면 또다시 댓글을 통해 시청자들의 반응이 이어지면서 소통이 끊이지 않아.

유튜버들이 콘텐츠 소재를 고민하는 과정에서 시청자들의 댓글을 통해 아이디어를 얻는 경우도 많아. 라이브 방송을 하면서 구독자들과 소통을 하는 것 자체가 콘텐츠가 되는 라이브 콘텐츠도 많아졌어. 심지어 댓글에 올라오는 시청자들의 각종 궁금증을 대신 풀어 주는 내용을 주된 콘텐츠로 올리는 채널도 있어. 유튜버 진용진은 시청자들의 호기심을 해결해 주는 '그것을

알려 드림'이라는 콘텐츠로 유명 언론인 못지않은 주목을 받고
있지. "제로 콜라는 정말 0칼로리일까?", "실시간 검색어에 오르
려면 몇 명이 검색해야 할까?" 등 참신한 소재의 영상들로 큰 인
기를 끌었어.

　댓글을 통한 소통은 때로 유튜브라는 공간을 뛰어넘기도 해.
〈맛있는 녀석들〉이라는 TV 예능 프로그램 알고 있지? 이 프로그
램은 유튜브를 통해 시청자들과 적극적으로 소통하는 것으로 유
명한데, 그 덕에 공식 유튜브 채널 구독자 수가 100만 명을 돌파
하기도 했어. 개별 TV 예능 프로그램의 유튜브 채널 구독자가
100만 명을 넘어선 사례는 굉장히 드물어. 이 프로그램의 PD를
인터뷰한 적이 있는데, "댓글이 우리의 전부"라고 강조할 정도로
댓글을 중요하게 생각하더라고. 먹방을 할 장소가 고민될 때 댓

글을 통해 시청자들에게 식당을 추천받기도 하고, 댓글에 올라온 건의 사항을 보면서 프로그램이 나아갈 방향을 모색하기도 한다고 해.

이 프로그램의 스핀오프(기존 작품에서 인물과 설정을 가져와 새롭게 만든 작품) 웹예능 〈오늘부터 운동뚱〉이 탄생하게 된 것도 댓글을 통해서였어. 〈맛있는 녀석들〉의 5주년을 맞이해 멤버들에게 앞으로 시키고 싶은 일을 댓글로 남겨 달라고 했더니, 댓글의 70% 정도가 운동을 시켜야 한다는 내용이었다고 해. 그 의견을 받아들여 만들어진 〈오늘부터 운동뚱〉은 엄청난 인기를 얻었고, TV 정규 프로그램이 됐어. 우리가 쓴 댓글이 하나의 프로그램을 탄생시킬 정도의 힘이 있다니, 정말 놀랍지?

악플 때문에 댓글 창이 사라지지 않도록

유튜브는 댓글을 통해 사람들이 적극적으로 소통하면서 일종의 커뮤니티를 형성하게 했지만, 이것이 마냥 긍정적이기만한 건 아니야. 인터넷에 댓글이 등장한 이래로 '악플'은 심각한 사회문제로 자리하고 있어. 때로는 사람들의 목숨까지 앗아 가기도 하지. 댓글이 활성화된 유튜브 공간은 그 어느 곳보다 악플로 인한 문제가 심각해.

악플 문제로 인한 스트레스를 호소하며 활동을 중단하거나 휴식기를 갖는 유튜버들이 상당히 많아. 유튜버는 직업 특성상 수많은 댓글을 시시때때로 접하기 때문에 스트레스에 취약할 수밖에 없어. 한 여성 유튜버가 더 이상 남의 시선을 의식해 외모를 꾸미지 않겠다고 하자 그의 외모에 대한 비방 댓글이 끊이지 않았어.

특히 키즈 유튜버들은 악플을 보고 큰 상처와 정신적 충격을 받을 수 있다는 점에서 더 유의해야 돼. 현재 유튜브는 14세 미만 어린이 유튜버가 등장하는 콘텐츠에 댓글 기능을 없애고, 부모님이 함께하지 않으면 라이브 방송을 하지 못하도록 조치했어. 이런 대응을 하게 된 이유도 정말 많은 사람들이 어린이 유튜버에게 입에 담기조차 어려운 악플을 쏟아 냈기 때문이야.

유튜브가 2020년 7~9월 세 달 동안 전 세계에서 삭제한 댓글이 얼마나 되는지 알아? 총 11억 4,027만 8,887건이라고 해. 엄청난 양이지? 댓글을 지운 이유는 스팸 및 현혹성 사기 51.4%, 아동 보호 규정 위반 26.9%, 괴롭힘 및 사이버폭력 17.3%, 증오성 또는 악의적인 콘텐츠 4.1% 순으로 나타났어.

이렇게 유튜브가 댓글들을 단속하고 있지만 우리 눈에는 여전히 선 넘은 악플이 많이 보여. 유튜브가 아무리 노력해도 모든 악플을 걸러 내기는 역부족이야. 문제를 개선하기 위해서는 결국 댓글을 다는 시청자들의 자정 노력이 필요해. 국내 포털 사이트에서는 연예 뉴스에 악플이 사라지지 않자 아예 연예 뉴스 댓글 기능을 없애 버린 일도 있어. 유튜브의 악플 문제가 점점 더 심각해져서 우리에게 즐거움을 주는 유튜브 댓글 창이 아예 사라지게 해선 안 되겠지?

유튜브, 지식IN을 앞서다

네이버 검색 대신 유튜브

"연희동 중국집, 강남구 격투기, 이대 앞 미용실. 원하는 곳, 지식인이 찾아 준다!"

2003년 네이버 지식IN 서비스 TV 광고에 등장하던 멘트야. 2000년대 초반만 해도 우리나라에 포털 사이트가 열 곳이 넘었다는 사실을 알고 있어? 지금은 포털 사이트 하면 네이버와 다음, 구글 정도가 떠오르는데 당시만 해도 정말 많은 서비스가 경쟁하고 있었던 거야. 이 치열한 경쟁의 승자는 우리가 잘 아는 것처럼 네이버가 됐는데, 당시 네이버가 꺼내 든 비장의 무기가 바로 지식IN 서비스였어. 궁금한 걸 물으면 답을 알고 있는 사람들이 답글을 쓰는 방식으로 운영되는 서비스를 선보이면서 많은 이용자를 끌어모을 수 있었지.

그런데 요즘은 이런 네이버의 명성이 흔들리고 있어. 2019년 나스미디어 조사에 따르면, 10대 인터넷 이용자 10명 중 7명은 정보를 검색할 때 유튜브를 사용한다고 답했어. 유튜브가 즐길 거리를 제공하는 공간에 그치지 않고 포털과 같은 정보를 제공하는 공간으로 자리매김하고 있는 거야.

왜 사람들이 유튜브를 통해 정보를 검색하는 걸까? 답은 간단해. 정보를 검색했을 때 '유익한 답'이 있거든. 과제를 하거나, 장난감을 조립하거나, 앞머리를 다듬거나, 왁스로 스타일링을 할 때 어떻게 해야 하는지 잘 모를 때가 있지. 그럴 때 유튜브에서 검색하면 해답을 알려 주는 영상이 뜨곤 해.

세상 모든 '꿀팁' 창고

'어떻게 할 수 있는지' 알려 준다고 해서 이런 콘텐츠를 'How-to(하우투) 콘텐츠'라고 불러. 2020년 지디넷코리아에서 20~40대 3,478명을 대상으로 온라인 설문 조사를 한 결과, 즐겨 보는 유튜브 콘텐츠 유형 4위를 기록했을 만큼 '하우투 영상'은 인기가 높아. 물론 게임이나 예능 장르에 비해서는 순위가 낮지만 적지 않은 사랑을 받고 있는 거지.

유튜브는 영상 서비스라서 글로 볼 때보다 이해하기 쉽다는 장점이 있어. 예를 들어 왁스로 머리 스타일링을 하는 법을 네이버에서 검색했을 때 글이나 사진으로 봐선 이해가 안 될 수 있지. 반면에 유튜브에서는 영상을 통해 시연을 하면서 보여 주니 더 쉽게 따라 할 수 있어. 특히 신문이나 책처럼 글로 된 콘텐츠가 더 익숙한 성인과 달리 10대는 어릴 때부터 유튜브와 같은 영상에 익숙하기 때문에 더 그렇다는 얘기도 있지.

하우투 콘텐츠를 주로 올리는 〈세상의 모든 노하우〉라는 채널을 보면 온갖 분야의 다양한 '꿀팁'들이 나와. '호텔식으로 수건 개는 법', '긴 머리를 수건으로 고정하기'와 같은 생활 속 팁들을 영상을 통해 설명해 주니 이해하기가 더 쉽지. '실생활에 쓰이는 단단한 매듭법'이라는 영상은 매듭을 짓는 다양한 방법을 알려 주는 내용인데 조회 수가 230만 회를 넘을 정도로 큰 인기를 끌었어.

전문가를 내 방으로 초대하다

최근 들어 각 분야의 전문가들이 유튜버 활동에 뛰어들면서 일상생활 속 하우투 콘텐츠뿐 아니라 다양한 분야에서 사람들의 궁금증을 해소해 줄 만한 정보 콘텐츠도 많아졌어. 스포츠, 인문학, 역사, 법, 경제, 의학 등 세상에 존재하는 갖가지 분야에 대한 정보 콘텐츠를 찾아볼 수 있지.

이어폰을 끼는 것과 헤드폰을 쓰는 것, 어느 쪽이 건강에 좋을까? 〈닥터 프렌즈〉라는 채널은 여러 분야의 의사들이 직접 출연해서 우리 생활에 도움이 되는 의학 정보를 알려 주고 있어. 티셔츠를 빨래하고 나면 사이즈가 줄어들거나 목이 늘어날 때가 있지? 그럴 때는 〈세탁설〉이라는 채널에 들어가서 옷 종류별 빨래법을 배우면 돼. 어렵고 딱딱한 법률을 쉽게 알려 주는 채널들도 있어. 〈로이어 프렌즈〉는 변호사들이 법에 대해 알려 주는 채널이야. 대법관 출신 변호사가 법률에 대해 설명해 주는 〈차산선생 법률상식〉이라는 채널도 있지.

아무래도 유튜브에는 믿기 힘든 정보들도 많은데 이렇게 의사, 변호사 등 전문가들이 만드는 콘텐츠는 더 신뢰할 수 있다는 장점이 있어. 예를 들어 〈닥터 프렌즈〉는 개 구충제를 먹으면 암이 낫는다는 가짜 뉴스에 대해 사실과 다르다고 설명하는 영상을 만들어 올리기도 했지.

그렇다면 이런 콘텐츠는 전문가들만 만들 수 있을까? 꼭 그렇지만은 않아. 전문 분야에 국한하지 않고 사람들이 궁금해할 만한 사실들을 대신 알아봐 주는 채널들도 있어. 〈사물궁이 잡학지식〉이라는 채널은 '사소해서 물어보지 못했지만 궁금했던 이야기'의 줄임말인데, 구독자가 무려 100만 명이 넘었어.

이 채널은 왜 아침에 일어나면 피곤한지, 학교 천장에 있는 타일은 왜 애벌레가 기어가는 듯한 무늬인지 등 일상의 궁금증을 해결해 주는 내용을 영상으로 올려. 사람들에게 정확한 정보를 전달하기 위해 여러 논문을 찾아보는 등 근거를 제시하면서 높은 신뢰를 얻게 됐지. 거기에 애니메이션을 통해 설명하니 더 쉽고 재미있게 이해할 수 있어서 어린이와 청소년 들에게 인기가 많다고 해.

국민일보 기자들이 운영하는 〈취재대행소 왱〉이라는 채널도 있어. 기자들이 콘텐츠를 만드는 만큼, 직접 누군가를 만나서 취재하는 일이 일반인보다 능숙하다는 차별성이 있지. 이 채널은 '학교 보건실이 주로 1층에 있는 이유는 뭘까', '버스 번호에는 어떤 의미가 있을까'처럼 사람들이 댓글을 통해 궁금한 걸 물어보면 기자들이 대신 취재해서 알려 주고 있어.

대충 검색해도 답이 나온다

검색 결과를 보여 주는 기술이 뛰어나다는 점도 유튜브가 매력적인 이유 중 하나야. 유튜브는 1분마다 500시간이 넘는 분량의 영상이 올라오는 공간이거든. 이렇게 셀 수 없이 많은 영상 중에서 우리가 필요한 영상을 검색만 하면 바로 찾아 주기 위해 다양한 기술을 활용하고 있어.

유튜브에서 노래를 찾고자 할 때 노래 제목과 가수가 떠오르지 않아서 가사 일부만 쓰거나, 노래에 대한 추상적인 표현만 써도 귀신같이 알아맞힐 때가 있지? 예전에 종영한 역사 드라마 〈육룡이 나르샤〉의 "하날히 달애시니"라는 제목의 OST가 생각나서 찾아 들은 적이 있어. 가사는 없고 "아아~" 하는 소리만 나오는 나오는 판소리 풍의 음악이야. 댓글을 보니 "검색창에 육룡이 나르샤 아아아아아아아아아아앙 치니깐 나오네"라며 신기해하더라. 정말 그런가 검색해 보니 실제로 이 노래가 먼저 떠서 재밌었어.

어떤 원리로 검색 결과를 보여 주는 걸까? 유튜브는 가장 적합한 검색 결과를 제공하기 위해 관련성, 참여도, 품질, 이 세 가지 요소를 반영하고 있어. 관련성은 영상 제목, 태그, 영상에 대한 설명, 영상 속 내용이 검색어와 일치하는지 등을 검토하는 걸 말해. 참여도는 다른 사람의 시청 데이터를 바탕으로 판단해. 예

를 들어 '눈 화장 방법'으로 검색했을 때 다른 사람들이 이 검색어로 본 영상 중에서 더 오래 본 영상을 먼저 보여 주는 거지.

그런데 인터넷에서 떠도는 정보들을 무조건적으로 믿어도 될까? 유튜브에는 가짜 뉴스나 근거가 충분하지 않은 주장을 하는 사람들도 많잖아. 그래서 유튜브는 세 번째 원리로 '품질'을 검색에 반영하고 있어. 특정 채널이 특정 주제에 관한 전문성, 권위, 신뢰성을 보이는지 판단한다고 해. 예를 들어 백종원 대표가 운영하는 유튜브 채널은 요리 분야에서 전문성과 권위, 신뢰성을 갖췄다고 판단할 거야. 쉽게 말하면 유튜브가 시스템적으로 신뢰할 수 있는 정보를 중심으로 검색 결과를 띄우고 있다는 얘기야. 그래서 전문가들이 유튜브를 할 때 더 큰 주목을 받는 걸지도 몰라.

유튜브의 핵심적인 기능이라고 할 수 있는 개인 맞춤형 추천 알고리즘도 검색 결과에 적용되고 있어. 같은 검색어를 입력해도 사람마다 다른 검색 결과가 뜰 수 있다는 얘기야. 자동차 영상을 주로 보는 이용자가 '차'를 검색하면 자동차에 대한 영상을 우선 보여 주는 반면, 마시는 차에 대한 영상을 주로 보는 이용자에게는 그것부터 보여 주는 식이지.

더 야무지게 검색하는 방법

유튜브의 시스템이 잘되어 있긴 하지만, 그렇다고 해서 항상 완벽한 결과가 나오지는 않아. 목적에 맞는 정확한 검색을 하고 싶을 때는 유튜브 검색 '필터' 기능을 이용해 봐. 이 기능은 특정 검색어로 검색을 하고 난 다음에 찾을 수 있어. 컴퓨터 화면에서는 검색창 아래에, 모바일 화면에서는 검색창 오른쪽에 있지.

우선 필터를 통해 '업로드 날짜' 탭을 클릭하면 영상이 올라온 시점에 따라 나눠서 검색할 수 있어. 내가 좋아하는 가수의 최근 공연 영상을 보고 싶다면 최근에 올라온 영상으로 대상을 좁혀서 검색해야 더 찾기 쉽겠지. '구분' 탭에서는 검색하려고 하는 키워드가 동영상인지, 채널인지, 아니면 영상 묶음인 재생목록인지 등을 나눠서 찾아볼 수 있어.

정렬 기준 설정을 통해서도 영상을 더 쉽게 찾을 수 있어. 업로드 날짜 순, 조회 수 순, 평점 순에 따라 영상이 배열돼. 이 외에도 영상의 길이, 자막 유무, CCL 유무 등 다양한 옵션을 통해 영상을 검색할 수 있어. 특히 CCL 영상만 따로 검색하면 유튜브 콘텐츠를 제작할 때 유용하겠지? 사실 검색에 필터를 덧붙여서 더 자세하게 찾는 방법은 유튜브뿐 아니라 구글과 네이버, 다음 등 인터넷 검색 사이트에도 다 있어. 인터넷을 이용할 때 이런 다양한 설정들을 살펴보면 필요한 정보를 더 빨리 찾을 수 있을 거야.

"구슬이 서 말이라도 꿰어야 보배"라는 속담이 있어. 아무리 좋은 재료라도 쓸모 있게 만들어야 가치가 생긴다는 의미지. 유튜브가 단순히 많은 영상을 보유하고 있는 서비스이기만 했다면 이렇게까지 성공하기는 힘들었을 거야. 거기에 더해 발전된 검색 기술이 유튜브의 숨은 무기인 셈이지. 그리고 우리가 어떻게 검색을 하느냐에 따라 이 서비스의 가치를 더 끌어올릴 수 있다는 사실을 기억하면 좋겠어.

。유튜브 롤모델을 소개합니다。

더 가깝고 유용한 지식을 원한다면
- 사물궁이 잡학지식 & 취재대행소 왱 -

유튜브를 보다 보면 믿을 만한 정보인지 아닌지 헷갈릴 때가 많지? 그럴 때 우리가 참고하면 좋을 유튜브 채널을 소개할게. 사람들의 궁금증을 해결해 주면서도 믿을 수 있는 정보를 전하는 두 채널, '사물궁이 잡학지식'과 '취재대행소 왱'이야.

당연한 건 없어, 사소해도 괜찮아! - 사물궁이 잡학지식

Q. 사물궁이 잡학지식은 어떤 채널인가요?
A. 유튜버 이름이 바로 '사물궁이'야. 사물궁이는 '사소해서 물어보지 못했지만 궁금한 이야기'라는 표현의 줄임말이야. 유튜브 채널을 만들고 1년도 채 되지 않은 시점에 구독자 100만 명을 넘어섰을 정도로 인기가 많아.
사실 '사물궁이'는 2015년 스피드웨건이라는 닉네임으로 온라인 공간에서 먼저 이름을 알렸어. 스피드웨건은 한 만화에 등장하는 캐릭터 이름에서 따온 건데, 물어보지도 않았는데 장황하게 설명하는 것으로 유명한 캐릭터야. 이 캐릭터의 특성을 활용해서 페이스북 등을 통해 사람들이 굳이 물어보지 않은 내용에 대해 답을 알려 주는 콘텐츠로 주목을 받게 돼. 원래 영상을 제작하는 방법도 몰랐는데 한국과학창의재단의 지원 사업에 선정되어 제작 지원을 받기 시작하면서, 당시 만난 인력들과 함께 현재의 유튜브 채널을 만들게 됐어.

Q. 사물궁이의 영상이 인기가 많은 이유는 무엇일까요?
A. 사물궁이 측은 세상의 당연한 일들에 의문을 품어 가며 주제를 선정하는 작업이 가장 중요하다고 밝힌 적이 있어. 당연해 보이지만, 그 이유를 들여다볼 만한 주제를 선정하는 거지.
그리고 어렵지 않게 전달한다는 점도 인기의 비결이야. 과학이나 기술 등 어려운 내용이 나오면 영상을 잘 안 보게 되잖아. 이 채널은 예를 많이 들기도 하고, 자료 화면만 보여 주는 게 아니라 귀여운 캐릭터와 애니메이션을 통해 전달하면서 친근하게 설명하고 있어.

Q. 어떤 영상들이 인기가 있나요?
A. 조회 수가 높은 영상 제목을 한번 살펴보면 "하늘로 총을 쏘면 어떻게 될까?", "잠잘 때 가끔 몸을 움찔하면서 깨는 이유는?", "아침에 일어난 직후는 왜 이렇게 피곤할까?", "걸어가는 중 거미줄이 걸리는 느낌은 뭘까?", "거울 속 나와 사진 속 나는 왜 달라 보일까?", "왜 교실 천장에 물결 무늬를 많이 사용할까?", "웹하드 업체는 왜 무료 포인트 쿠폰을 뿌릴까?" 등이 있어. 제목만 봐도 궁금하지?

Q. 정말 웹하드 사이트 쿠폰은 왜 공짜로 뿌리는 걸까요?
A. 편의점이나 PC방 같은 곳에 가면 웹하드 쿠폰을 그냥 마음껏

가져가게 비치해 두잖아. 왜 이걸 공짜로 주는지는 나도 궁금하더라. 웹하드를 이용하면 설치 프로그램을 다운로드 받는데, 사실 이때 자신의 컴퓨터를 일정 부분 웹하드 서버로 이용할 수 있게 넘기는 셈이거든. 즉, 웹하드 사이트의 서버 비용을 우리 컴퓨터에 떠넘기는 거야. 그래서 쿠폰을 발행해 이용자를 늘리면 서버 비용을 절약할 수 있어서 웹하드 업체 입장에서는 손해 보는 장사가 아니라고 해.

Q. 유튜브에서 믿을 만한 정보를 찾기 힘든데 이런 채널이 있다니 놀라워요.
A. 인터넷에 떠도는 근거 없는 정보를 모아서 전달하는 유튜버들이 많은데 이 채널은 그렇지 않다는 점에서 주목받고 있다고 생각해. 쉽고 재미있게 이슈를 설명하는 유튜버들은 많지만 더 신뢰할 수 있다는 점에서 차별화가 되는 거지.
실제로 사물궁이는 신뢰할 수 있는 정보를 찾기 위해 많은 노력을 기울이고 있어. 사람들의 궁금증을 해결하기 위해 어려운 논문도 살펴보고, 업체나 정부에 문의해야 할 건 직접 취재를 하기도 해. 하나의 사안에 대해 의견이 갈리는 경우에는 더욱 꼼꼼히 체크하고 전문가 자문도 받고 있어. 어떤 콘텐츠에선 자신도 명확히 알기 힘든 게 있어서 솔직하게 불확실하다고 언급을 하고, 그럴듯한 반론이 있으면 이를 수용한다고 밝힌 적도 있어. 사실 누구나 완벽할 수는 없잖아. 그런 점에서 오히려 자신의 한계를 인정하고, 실수가 있으면 정정하는 모습이 큰 신뢰를 얻게 된 비결이라고 할 수 있지.

기존 보도의 한계를 깨다 – 취재대행소 왱

Q. 취재대행소 왱은 어떤 채널인가요?

A. 이 채널도 사람들이 궁금해하는 걸 대신 취재해서 알려 주고 있어. 신문사인 국민일보의 뉴미디어팀 기자들이 운영하는 채널이야. 제목 그대로 취재를 대신해 준다는 취지이고 '왱'은 '왜'를 귀엽고 친근하게 표현하고 싶어서 이렇게 지었다고 해.

Q. 기자들이 유튜브를 하게 된 이유가 있나요?

A. 국민일보의 젊은 기자들은 고민에 빠졌어. 언론이 과연 독자들이 궁금해하는 걸 해소해 주고 있는 걸까? 아니면 회사에서, 혹은 선배 기자들이 궁금해하는 걸 기사로 써 왔던 건 아닐까? 어쩌면 사람들이 관심 없는 일에 대해 기사를 쓰니 다들 점점 더 언론을 외면하는 건 아닐까? 그래서 언론사가 결정해서 쓴 기사가 아니라 시민들이 직접 궁금한 걸 물어보면 대신 취재해 주는 유튜브 채널을 만들게 됐어.

Q. 취재 의뢰는 어떤 식으로 할 수 있나요?

A. 보통은 유튜브 댓글로 많이 쓰고 있어. 취재대행소 왱의 유튜브 채널을 보면 온갖 것들에 대해 취재해 달라는 댓글이 많이 보여. 이 외에도 페이스북, 인스타그램 등을 통해서 취재 의뢰를 받고 있지. 궁금한 점이 있으면 직접 취재 의뢰를 해 봐도 좋을 거야.

Q. 어떤 콘텐츠가 인상적이었나요?

A. "지하철에서 환승할 때 나오는 음악은 왜 국악인가요?"라는 취재 의뢰에 대한 영상이야. 지하철에서 환승역에 도착할 때 사람들의 주의를 끌기 위해 국악 음악이 나오잖아. 왜 다른 음악이 아

니라 늘 국악인지 취재대행소 왱이 취재를 했어.

알고 보니 원래부터 국악은 아니었어. 서울시의 경우, 과거에는 뻐꾸기 소리, 비발디의 〈조화의 영감〉이라는 음악이 나왔다고 해. 아마 어른들한테 물어보면 이 소리를 기억하는 분들이 있을 거야. 그런데 기존의 소리가 단조롭다는 지적이 나오기도 했고 2010년 한국 방문의 해를 맞아서 한국의 개성이 강조되는 소리가 필요하다는 지적도 있어서, 서울시에서 국악 버전의 환승 음악을 국립국악원에 의뢰해 제작하게 됐어. 시민 투표를 거친 결과, 국악인 김백찬이 작곡한 〈얼씨구야〉라는 음악이 선정됐지. 이 음악이 바로 지금의 환승 음악이야. 처음에는 지하철 호선별로 환승 음악이 달랐는데 이후에 〈얼씨구야〉로 통일했어.

Q. 그 음악은 저작권이 있나요?
A. 그 점에 대해서도 취재대행소 왱이 알아봤어. 이 음악으로 저작권료를 받았으면 떼돈을 벌었을 거 같은데, 국립국악원에서 무료로 배포하는 음악이라고 해. 잘 생각해 보면 KTX나 지역 지하철, 공항에서도 국악으로 된 음악이 나오잖아. 대부분이 국립국악원에서 무료로 배포한 음악이지. 국립국악원은 사람들이 국악을 제대로 접하지 못하는 일상생활 속에서 더 친근하고 자연스럽게 접할 수 있는 기회를 만들어 주기 위해 이 같은 지원을 하고 있어.

Q. 취재대행소 왱 팀이 인상 깊었던 취재 의뢰는 무엇인가요?
A. 바로 "청와대 관저 직원들은 어떻게 뽑나요?"였어. 당시 청와대 관저에 대한 뉴스가 언론에 많이 보도되던 때였어. 취재대행소 왱에서 이 질문을 보고선 '그동안 언론이 기사를 많이 썼지만 정작 네티즌 입장에서 궁금해하는 걸 제대로 짚어 주지 못했구나.'라는 생각이 들었다고 해.

그리고 이 콘텐츠 제작 과정에서 언론만의 강점이 있다는 걸 느꼈다고 해. 청와대 총무비서관을 취재해서 내용을 풀어내는데, 사실 대부분의 유튜버는 뭔가를 알아볼 때 직접 취재를 하지는 못하는 경우가 많잖아. 게다가 청와대 공무원을 취재하는 건 거의 불가능한 일인데 언론사는 언제든 접촉할 수 있다는 이점이 있었던 거지.

Q. 기자 입장에서 유튜브 콘텐츠로 뉴스를 만들 때와 일반적인 뉴스를 만들 때, 어떤 차이가 있을까요?
A. 독자들과 소통할 수 있는 점이 좋았다고 해. 종종 의뢰가 들어와서 취재를 해도 답을 못 찾을 때가 있잖아. 한번은 "이태원에 가짜 술을 섞어 파는 곳이 많나요?"라는 질문에 취재를 했지만 답을 알아내지는 못했어.
기존의 언론 기사였다면 답을 못 알아냈을 때 그냥 기사를 안 쓰고 끝났겠지? 하지만 온라인 공간에서는 소통을 할 수 있잖아. 취재 대행소 왱은 자신들이 어느 곳을 어떻게 취재했고, 어떤 내용까지는 알아봤지만 그 이상은 알아내지 못했다는 등의 내용을 취재를 의뢰한 구독자에게 직접 메시지로 보냈어. 의뢰자 입장에서는 명확한 답을 듣지는 못했어도 그 과정을 알려 주니 만족스러웠을 거야. 기자 입장에서도 독자와 소통할 수 있어서 소중한 경험이 됐다고 해.

3장

내가 즐거울 때
남도 즐거우려면

우리를 분노하게 만든 뒷광고

'내돈내산'이라는 거짓말

"죄송합니다."

2020년 여름, 유튜브에 사과 영상이 잇달아 올라왔어. 마치 '사과 챌린지'라도 열린 것처럼 유명 유튜버들이 줄줄이 사과 영상을 게시했지. 그중 대부분이 '뒷광고' 의혹을 사실로 인정하고 사과하는 영상들이었어.

"첫째, 검은 옷을 입는다. 둘째, 화장은 눈이 어둡게! 셋째, 눈물을 흘린다." 유튜버 '소련여자'가 "죄송해서 거짓말합니다"라는 제목의 영상에서 유튜버들의 사과 모습을 풍자한 내용이야. 그는 "나도 뒷광고 할걸.", "(내가 전에 마신 맥주는) 광고가 아니니 광고 줄 때까지 절대 마시지 마."라면서 시청자들을 웃기기도 했어. 뒷광고 논란을 풍자한 이 영상은 조회 수 165만 회를 기록하며 주목을 받았지. 그만큼 유튜브 뒷광고에 대한 사람들의 관심이 컸다는 의미일 거야.

뒷광고는 크리에이터나 인플루언서가 유튜브 등 동영상 플랫폼이나 각종 SNS에 업로드할 콘텐츠를 만들 때 특정 기업이 주는 금전적인 대가를 받고 제품이나 브랜드를 홍보하면서도, 그 사실을 알리지 않는 행위를 말해. 사실상 광고였음에도 이를 명확하게 표기하지 않고 마치 자신이 구매한 물건인 것처럼 콘텐츠를 제작해 시청자들을 속이는 거지.

뒷광고 논란은 방송인 출신 유튜버들에게서 먼저 시작됐어. 유명 스타일리스트와 가수가 뒷광고로 올린 콘텐츠를 마치 '내돈내산'('내 돈 주고 내가 산 제품'의 줄임말) 후기인 것처럼 속였다는 사실이 드러나자 사람들이 분노한 거야. 이 일을 계기로 기존 유튜브에서 활발히 활동하던 인기 유튜버들 사이에서도 뒷광고가 관행처럼 이뤄져 왔다는 사실이 속속들이 드러났지.

뒷광고에 왜 화를 낼까?

한 프랜차이즈 식당에서 인기 있는 유튜버에게 돈을 주고 먹방 콘텐츠를 부탁하면서, 광고라는 사실을 밝히지 않고 제품을 긍정적으로 평가해 달라고 했어. 실제로 이 유튜버는 맛이 훌륭하다며 칭찬을 쏟아냈지. 심지어 한 유튜버는 '내돈내산'이라는 사실을 증명하기 위해 자신이 직접 가게에서 계산하는 장면을 영상에 넣었는데, 알고 보니 조작이었다는 게 밝혀지기도 했어.

처음에 뒷광고는 광고라는 사실을 아예 숨기고 거짓말한 경우만을 일컫는 말이었어. 그런데 논란이 점점 확산되면서, 광고라는 사실을 표기하기는 했지만 눈에 잘 띄지 않게 한 유튜버들도 비판의 대상이 되기 시작했지.

유튜브에는 영상을 올릴 때 해당 콘텐츠가 광고라면 '유료 광고 포함' 여부를 체크하는 자체적 기능이 있어. 이를 체크하면 영상에 '유료 광고 포함'이라는 메시지가 떠서, 광고가 포함된 콘텐츠라는 사실을 시청자들이 분명히 인지할 수 있지. 그런데 적지 않은 유튜버들이 '더 보기' 버튼을 누르지 않으면 해당 콘텐츠가 광고라는 사실을 알 수 없게 했어. 또 영상이 끝나기 전 마지막 1~2초 남짓한 시간에 광고라는 사실을 알리는 경우도 있

유료 광고 포함

었지. 영상을 볼 때마다 버튼을 눌러 하단에 숨겨져 있는 설명 글을 읽는 사람이나, 영상의 마지막 1~2초까지 주목해서 보는 사람이 과연 얼마나 될까? 사실상 보이지 않게 숨긴 것과 다르지 않았던 거야. 결국 광고 사실을 숨기거나 분명히 알리지 않은 유튜버들의 사과 행렬이 이어지는 한편, 몇몇 MCN 업체들도 뒷광고 논란과 관련해 사과를 했어.

유튜버들이 광고를 받은 사실을 제대로 알리지 않은 이유는 결국 본인 콘텐츠의 광고 효과 때문이야. 예를 들어 한 유튜버가 피자 먹방을 하는데 "이 리뷰는 광고입니다."라고 하면 어떤 맛 표현을 해도 사람들이 잘 믿지 않을 거야. 반면에 "내 돈 주고 산 피자 솔직 리뷰"라고 했을 때는 진정성이 있다고 느끼게 되지. 그래서 많은 업체들이 유튜브를 마케팅 수단으로 적극 활용하며 유튜버에게 뒷광고를 의뢰하고, 유튜버들은 이를 통해 수익을 창출한 거야.

사실 이런 식의 뒷광고는 유튜브뿐 아니라 블로그, 신문, 방송 등에서도 비일비재하게 이뤄져 왔어. 방송 프로그램에서 소개하는 맛집이나 건강 제품 등이 실은 뒷광고인 경우가 많은 것처럼 말이야. 한 방송사의 시사 프로그램에서는 특정 기업을 긍정적으로 언급했는데 알고 보니 그 기업이 주는 돈을 받은 대가였어. 심지어는 방송사 건강 프로그램에서 특정 성분에 대해 긍정적으로 언급한 직후에 홈쇼핑 채널에서 그 성분이 포함된 제품을 파는 경우까지 있어. 광고주가 방송 프로그램에 협찬을 하고, 또 비슷한 시간대 홈쇼핑과 제품 판매 계약을 맺으면서 사실상 방송을 광고 판촉 도구로 쓴 거지.

인터넷은 문제가 더 심각해. 특히 블로그는 '뒷광고 천국'이라고 할 정도지. 포털에서 정보를 검색할 때 블로그를 보면 광고라고 의심되는 경우가 많지? 식당의 돈을 받고 게시한 블로그 글이 워낙 많아서, 인터넷에서 맛집을 검색할 때 홍보성 게시 글을 거르는 노하우가 알려져 있을 정도잖아. 그 외에 인스타그램과 페이스북에서 벌어지는 뒷광고 문제도 빼놓을 수 없고.

듣다 보니 궁금해지지 않아? 뒷광고 문제는 유튜브에서만 벌어진 게 아닌데 왜 사람들은 유독 이번 논란에 엄청난 분노를 쏟아 내고 있는 걸까? 지디넷코리아가 20~40대를 대상으로 한 설문 조사에 따르면, 전체 응답자의 70% 이상이 뒷광고 행위에 문제가 있다고 답했어. 구독자를 기만한 행위이며, 영향력을 이용한 일종의 사기라는 의견이었지.

유튜브는 그 어느 곳보다도 크리에이터 개인이 강조되는 공간이잖아. 이 공간에서 유튜버들은 친근감과 솔직함을 무기로 사람들을 끌어모았어. 구독자들은 자신이 구독하는 유튜버에게 깊은 애정을 가졌고 그만큼 그들을 믿었지. 슈퍼챗이나 멤버십을 통해 금전적으로 지원하거나, 내가 좋아하는 유튜버를 위해 일부러 광고를 스킵하지 않고 보는 구독자들도 많아. 초창기부터 구독한 채널이면 내가 이 채널 성장에 기여했다는 생각이 들기도 할 거야. 대학내일20대연구소의 설문 조사 결과에 따르면, "제품을 구매하거나 정보를 얻을 때 어떤 인물의 조언을 참고하나"라는 질문에 전체 응답자의 73.4%가 유튜버를 꼽았어. 26.6%를 기록한 연예인에 비해 세 배 가까이 높은 수치였지. 그 누구보다 유튜버를 신뢰했다는 의미인데 이렇게나 많이 뒷광고를 하고 있었으니 분노가 쏟아질 수밖에.

공정위가 나섰다

이대로 방치할 수 없는 뒷광고 문제, 어떻게 개선할 수 있을까? 지난 2020년 9월 1일부터 공정거래위원회(공정위)의 '추천·보증 등에 관한 표시·광고 심사 지침' 개정안이 시행되고 있어. 표현이 좀 어렵지? 한마디로 유튜브와 인스타그램 등 소셜미디어에서 활동하는 인플루언서들이 금전적인 대가를 받고 콘텐츠를 올릴 때 광고라는 사실을 시청자들에게 명확히 알리도록 강제하는 내용이야. 유튜브 채널을 운영하고 있다면 이 내용을 꼭 숙지해야 해.

공정위는 폭넓게 광고주와 콘텐츠 제작자의 '경제적 이해관계'가 있을 때 광고임을 명시하게 했어. 여기서 경제적 이해관계란 광고비를 주는 것 외에도 상품권, 할인권, 적립금 등 금전적 대가를 지급하거나 상품 무료 제공, 무료 대여, 할인 혜택 제공은 물론 협업(컬래버레이션)과 공동 구매 진행을 통한 수익 배분, 동업이나 고용 관계 등 경제적 이익을 공유하는 경우까지 포함해.

광고라는 사실을 알리는 방식은 한마디로 '시청자가 분명히 인식할 수 있도록' 하는 게 핵심이야. 광고, 금전적 지원, 상품 협찬, 무료 대여 등 명확하고 직관적인 표현을 써야 해. 반면에 체험단, 선물, 숙제, 서포터즈, 홍보성 글, sponsored, AD, 유료 AD, partner, Collaboration과 같은 모호한 표현은 인정하지 않아.

이 같은 표시는 어디에 해야 할까? 유튜브 영상 제목에 광고임을 표기해야 하고 영상 내용에도 처음과 끝, 그리고 곳곳에 잘 보이도록 반복적으로 광고임을 고지해야 해. 또한 유튜브 영상 설정을 통해 '유료 광고 포함'을 이제는 의무적으로 명시해야 해.

미워도 다시 한번!

이처럼 공정위가 지침을 만들어 시행하고 있지만 마냥 낙관적으로 볼 일만은 아니야. 당사자들이 광고라는 사실을 숨기면 광고 여부를 일일이 파악하기 어렵기 때문이야. 특정 콘텐츠가 광고임을 입증하려면 광고주와 크리에이터 양쪽의 거래 내역을 일일이 확인해야 하는데 정황만 갖고 조사에 나서기도 힘들지. 그렇기 때문에 광고주와 크리에이터 들이 전보다 더 조심하긴 하겠지만 뒷광고 문제가 완전히 근절되기는 어려울 것으로 보여. 사실 블로그의 뒷광고도 처벌 규정이 예전부터 있었지만 대부분의 블로거들이 처벌받지 않은 것처럼 말이야.

결국 규제뿐 아니라 크리에이터와 MCN 업체, 광고주의 자발적인 노력이 필요해. 이번 논란을 계기로, 뒷광고를 하면 대중의 큰 비난을 받을 수 있고 구독자를 잃을 수도 있다는 사실이 드러났으니 많은 유튜버를 비롯한 크리에이터들이 경각심을 갖게 됐을 거야.

실제로 많은 유튜버들이 이제는 리뷰를 할 때 이전과는 다르게 광고라는 사실을 분명히 언급하고 있어. 오히려 광고임을 적극적으로 드러내면서도 재미 요소를 잘 풀어낸 '앞광고'가 주목받고 있기도 하지.

앞으로 크리에이터와 MCN 업체가 그들 스스로 규칙을 정하고 이끌어 가는 '자율 규제'를 추진해 나갈 필요가 있어. 다행히도 뒷광고 논란 이후 MCN 업계에서 자율 규제를 위한 논의가 이어지고 있다고 해. 인플루언서, 크리에이터를 대표하는 단체들이 뒷광고 근절을 위한 '클린 콘텐츠 캠페인'을 열기도 했어.

이렇게 뒷광고가 문제이긴 하지만, 그렇다고 뒷광고를 한 유튜버들에게 지나친 악플을 다는 등 무분별한 비난을 해선 안 된다고 생각해. 뒷광고 논란이 과열되면서 한 유튜버는 많은 비난을 견디다 못해 은퇴를 하겠다고 발표하기도 했지. 그러다 몇 달 지난 후 복귀한 경우가 있는데 이들에게 거센 비난이 쏟아졌어.

유튜버들이 광고임을 숨기고 시청자들을 속인 건 분명 문제이지만 공정위 지침이 만들어지기 전이기도 했고, 대중 앞에 나서서 사과를 하는 데도 용기가 필요했을 거야. 내가 좋아하는 크리에이터에게 배신을 당했다는 생각이 들더라도, 확실한 사과는 받아들이고 그들에게 한 번 더 기회를 주는 건 어떨까?

가짜 뉴스를 예방하는 백신이 있다고?

가짜 뉴스는 뉴스가 아니야

'가짜 뉴스'라는 표현은 많이 들어 봤지? 가짜 뉴스란 일부러 언론 보도처럼 보이게 만들어서 퍼뜨린 거짓 정보, 또는 근거가 입증되지 않은 불확실한 정보인 유언비어를 폭넓게 가리키는 말이야.

가짜 뉴스에 대해 본격적으로 설명하기에 앞서 짚고 넘어갈게 있어. 이제 가짜 뉴스라는 표현 자체가 비판받고 있다는 사실, 알고 있니? 가짜 뉴스는 미국식 표현인 'fake news'를 번역한 것인데, 이러한 이름 때문에 가짜 뉴스가 자칫 '뉴스'의 일종인 것처럼 이해될 수 있다는 문제가 있어. 실제로 우리나라나 미국 등의 일부 정치인이 자신에게 불리한 보도를 가짜 뉴스라고 규정하면서 제대로 된 뉴스를 거짓 취급하기도 했지. 이런 문제가 있다 보니 유럽에서는 가짜 뉴스 대신 '허위 정보disinformation'라는 말을 쓰고 있어. 우리나라 정부는 공식적으로 '허위 조작 정보'라는 표현을 사용하고 있고. 워낙 익숙하게 쓰이는 말이라 이 글에서는 가짜 뉴스라고 부르겠지만, 이 표현 자체가 지니고 있는 문제는 염두에 두었으면 해.

가짜 뉴스는 단순한 거짓말 정도로 치부하기에는 심각한 문제를 불러오고 있어. 정도가 심한 경우에는 범죄로 이어지기까지 하니까 말이야. 최근에는 5G(5세대 이동통신)가 코로나19 확산의 원인이 됐다는 음모론이 해외에서 크게 확산되면서, 이 정보를 믿은 사람들이 전파를 주고받는 기지국에 불을 지르는 사건이 발생하기도 했어.

그리고 2016년 미국 대통령 선거를 앞두고 한 피자 가게에서 벌어진 총격 사건도 가짜 뉴스와 관련이 있었지. 경찰 조사 결과,

범인은 힐러리 클린턴 후보가 그 피자 가게에서 범죄를 모의하고 있다는 가짜 뉴스에 속아 이런 범죄를 저질렀다고 해.

이러한 가짜 뉴스가 퍼지는 대표적인 공간 중 하나가 바로 유튜브야. 한국언론진흥재단과 로이터저널리즘연구소가 국내 뉴스 이용자 2,304명을 대상으로 조사한 결과에 따르면, '허위 정보가 가장 우려되는 온라인 플랫폼'으로 유튜브가 31%를 차지하며 1위를 기록했어. 왜 하필 유튜브일까? 유튜브는 누구나 자유롭게 영상을 만들어 올릴 수 있다는 장점이 있어. 그런데 이는 곧 거짓 정보도 더 쉽게 퍼질 수 있다는 얘기지. 유튜브가 수많은 이용자에게 개인의 취향에 맞는 영상을 자동으로 추천하는 과정에서 자극적인 콘텐츠를 많이 보여 준다는 점도 가짜 뉴스 확산에 영향을 미쳤어.

법으로 처벌하면 된다고?

문제가 이렇게 심각한데 왜 정부는 가짜 뉴스를 규제하지 않는 걸까? 사실 무조건 규제한다고 해서 문제가 해결되지는 않아. 그로 인해 예상치 못한 역효과가 더 커질 수 있으니 신중하게 생각할 필요가 있지. 우선 가짜 뉴스를 규제하려면 해당 정보가 사실인지 아닌지 명확하게 구분할 수 있어야 하는데, 이 구분이 쉽지 않다는 문제가 있어.

예컨대 갈릴레이가 '태양이 우주의 중심이고 지구는 태양의 주위를 도는 천체 중 하나'라는 지동설(태양중심설)을 주장했을 때, 당시에는 공식적으로 검증되지 않은 가짜 뉴스에 불과했어. 지금은 사실로 증명된 사건도 당시에는 진상이 제대로 드러나지 않는 경우가 적지 않거든.

1972년 당시 미국의 닉슨 대통령 측근이 대통령 선거 재선에서 이기기 위해, '워터게이트 호텔'에 있던 경쟁 정당 선거운동본부에 침입해 몰래 도청 장치를 설치한 사건이 있었어. 미국 정부는 이 의혹이 사실이 아니라고 입장을 발표했지. 하지만 이후 언론의 집요한 보도가 이어졌고, 닉슨이 해당 사건을 은폐하려 한 사실이 발각되어서 2년 뒤 그는 결국 사임하게 돼. 이 일은 '워터게이트 사건'이라는 이름으로 역사에 남았어. 만약 당시에 정부가 가짜 뉴스를 처벌할 권한이 있었다면 언론의 입을 틀어막아 역사가 바뀌었을지도 몰라.

물론 가짜 뉴스를 규제하는 나라도 있어. 대표적인 곳이 싱가포르야. 2019년 싱가포르 정부는 국익 및 공익을 해친다고 판단되는 허위 게시물을 정부가 삭제하거나 정정할 수 있는 법안을 통과시켰어. 아울러 정부의 명령을 무시하고 악의적으로 가짜 뉴스를 유포할 경우에 법적 처벌까지 받을 수 있게 했지. 그런데 법 제정 이후 한 달 반 동안 해당 법이 실제로 적용된 사례들은 모두 정부에 비판적인 야당과 반정부 인사들의 SNS 게시글이었다고 해.

사실 우리나라에도 인터넷에서 공익을 해할 목적으로 허위 사실을 퍼뜨릴 경우에 처벌하는 법 조항(전기통신기본법 제47조 제1항)이 있었어. 당시 '미네르바'라는 이름의 인터넷 논객은 정부 정책을 비판하는 경제 글을 주로 썼는데, '부정확한 내용이 있다'며 이 법 위반으로 구속되기까지 했지. 그러나 2010년 헌법재판소에서 이 조항이 헌법에 위배된다는 위헌 결정을 내리면서 사라지게 됐어. 당장 사실 여부를 판단하기 힘든 사안도 많은 데다, 판단의 주체가 국가권력일 경우에는 정권에 불리한 내용이면 무조건 '거짓'이라고 규정되어 탄압받을 위험이 있어서였지. 싱가포르와 과거 한국의 사례를 보면 가짜 뉴스 규제가 위험하다는 점을 알 수 있어.

유튜브도 노력을 하고 있지만

가짜 뉴스를 법으로 처벌하기 어려운 상황이라고 해서 가만히 손을 놓고 있어야 한다는 건 아니야. 무엇보다 유튜브를 비롯한 인터넷 사업자들이 가짜 뉴스가 확산되지 않도록 힘써야 해.

유튜브는 나름의 노력을 기울이고 있어. 뉴스, 정치, 의학, 과학 정보처럼 정확하고 믿을 만한 콘텐츠가 중요한 분야의 경우,

검색 결과와 영상 추천을 할 때 믿을 만한 채널의 콘텐츠가 상위에 뜨도록 알고리즘을 조정했지.

그런데 '믿을 만한 채널'은 누가 어떻게 정하는 걸까? 유튜브 최고제품책임자인 닐 모한이 2020년 우리나라 기자들과 기자회견을 한 적이 있었어. 우리나라에서는 가짜 뉴스 문제에 어떻게 대응하는지 묻자 닐 모한은 이렇게 답했지. "유튜브에서 정보를 검색할 때 연합뉴스, KBS, YTN 등과 같은 공신력 있는 뉴스 채널 영상이 더 부각되도록 하고 있습니다. 검색 결과에서 속보, 톱뉴스(주요 뉴스)로 이런 뉴스들이 뜨게 하는 거죠."

그럼 공신력 있는 뉴스 채널은 어떻게 선정하는 걸까? 유튜브는 전 세계 이용자들을 대상으로 뉴스의 신뢰도에 대한 조사를 주기적으로 하고 있는데, 그 결과를 바탕으로 선정한다고 해.

그리고 유튜브는 이용자들이 '5·18 민주화 운동', '세월호 참사', '아폴로 계획'(미국 항공우주국의 달 착륙 유인 비행 계획) 등 가짜 뉴스가 주로 많이 퍼지는 이슈를 검색할 때, 검색창 바로 아래와 관련 영상 아래에 위키백과의 사전 정보를 함께 띄우고 있어. 위키백과는 수많은 사람들이 머리를 맞댄 집단 지성의 결과물로 이루어져 있거든. 그걸 함께 보여 주면서 사람들이 정보를 종합적으로 수집하고 판단하도록 도우려는 취지라고 해. 예를 들어 코로나19 확산이 심각한 요즘 같은 때에는 유튜브 첫 화면에 코로나19와 관련된 공식 정보를 제공하는 페이지를 팝업 화면으로 띄워서 연결하고, 보건복지부의 공식 영상을 첫 화면에 고정해 놓기도 했어.

유튜브는 이렇게 믿을 수 있는 정보를 더욱 적극적으로 보여 주고, 한편으로는 믿을 수 없는 정보를 잘 보이지 않게 하거나 삭제하는 조치도 취하고 있어. 예를 들어 질병과 관련해 특정 치료제의 효과에 대해 잘못된 정보를 제공하는 영상을 삭제 조치하는 것처럼 말이야. 그리고 앞서 살펴봤듯이, 유튜브가 심의를 하는 기준이라고 할 수 있는 커뮤니티 가이드에 '현혹 행위'를 금지한다고 명시해서 사람들을 현혹하는 가짜 뉴스에 대응하고 있어. 또 신원을 허위로 표시해 잘못된 정보를 유포하는 경우에는 계정 자체를 삭제해. '증오심 표현'에 대한 규정에 의거해서, 이미 입증된 중대한 폭력적 사건을 부정하는 콘텐츠도 금지하고 있지.

이렇게 유튜브가 많은 노력을 하고 있는 건 사실이지만, 그럼에도 여전히 가짜 뉴스가 유튜브에서 기승을 부리고 있어. 유튜브 차원에서 역효과를 줄이면서도 가짜 뉴스로 인한 문제를 개선할 방법을 계속해서 고민해야 해.

비판적으로 이해하고 행동하기

정부 규제도 위험성이 있고, 유튜브의 자정 노력에도 한계가

있잖아. 그렇기 때문에 미디어 수용자인 우리 스스로 가짜 뉴스
에 당하지 않기 위한 노력이 필요해. 유튜브 속 가짜 뉴스에 대처
하기 위해 우리는 무엇을 할 수 있을까?

　일단 신뢰하기 힘든 정보를 무분별하게 받아들이지 않는 훈
련을 해야 해. 미디어가 제공하는 정보를 비판적으로 받아들이
면서, 미디어를 활용해 자신의 생각을 책임 있게 표현하고 공유
할 수 있는 능력을 흔히 '미디어 리터러시 media literacy'라고 부르지.

　코로나19 확산이 심각한 상황에서 진짜인지 가짜인지 가려
내기 어려운 정보들이 급속도로 퍼졌을 때, 전국미디어리터러시
교사협회에서는 학생들을 위해 열 가지 가이드라인을 발표했어.

유튜브를 비롯한 인터넷 공간에서 의심스러운 정보를 접할 때마다 이 가이드라인을 확인해 보면 좋겠어.

1. 뉴스, 유튜브 등 미디어에서 다루는 정보의 출처가 믿을 수 있는지 확인합니다.

2. 뉴스, 유튜브 등 미디어 생산자의 특정한 관점이 정보를 왜곡하고 있지 않은지 확인합니다.

3. 의학 정보는 전문가의 공신력 있는 발언을 토대로 하고 있는지 확인합니다.

4. 사진, 영상, 그래픽 자료 등이 정확한 내용을 담았는지, 편견을 반영하고 있지는 않은지 확인합니다.

5. 특정 지역이나 집단에 대한 차별, 폭력을 부추기는 혐오 표현이 반영되어 있지는 않은지 확인합니다.

6. SNS를 통해 전파되는 부정확한 소문과 거짓 정보를 공유하지 않습니다.

7. 미디어를 보는 시간을 정해 놓고 휴식 시간을 가집니다.

8. 관련 뉴스와 영상을 지나치게 반복하여 보면서 불안감을 느끼지 않도록 합니다.

9. 전염병, 공중 보건, 심리적 불안 등과 관련된 영화 및 책, 웹툰, 다큐멘터리 감상을 통해 가족들과 생각을 나누는 시간을

가져 봅니다.

10. 보건소, 선별진료소 등 정보의 도움을 받을 곳을 구체적으로 알아 두고 만일의 경우를 위한 비상 연락망을 확보합니다.

이 밖에 우리가 할 수 있는 또 하나의 역할이 있어. 바로 '행동하기'야. 신뢰하기 힘든 정보, 사실이 아닌 정보를 발견했다면 다른 사람들이 속지 않도록 도와야 해. 유튜브 영상 하단에 있는 '신고' 버튼을 눌러서 유튜브가 해당 영상에 대해 조치하도록 도울 수 있어. 가짜 뉴스뿐 아니라 각종 유해 정보 또한 이렇게 신고할 수 있지.

가짜 뉴스는 빠르게 확산되기 때문에 피해를 줄이려면 빠른 신고로 대응하는 게 최선이야. 많은 사람들이 공유하는 영상 내용이 사실이 아니라는 걸 알게 됐다면 이를 적극적으로 알리는 것도 필요하지. 믿을 만한 언론에서 가짜 뉴스의 진실을 밝힌 '팩트 체크' 기사가 있으면 공유하는 것도 한 방법이야.

점점 심각한 사회문제로 떠오르고 있는 가짜 뉴스. 올바르게 이해하고 행동하는 우리의 역할이 가장 중요하다는 것, 잘 알겠지?

'어그로' 콘텐츠가
쏠아진다

조회 수 높이려고 뭐든 다 해도 될까?

"여러분들은 밥 편하게 먹는 걸 감사해야 돼. 이거 봐 봐. 음식
이 날아가는 게 한두 번이 아니에요. 그렇다고 해서 한번 날아갔
다고 해서 좌절하면 안 됩니다."

젓가락질조차 마음대로 못하는 상황인데도 노력하며 라면을

먹는 한 유튜버의 영상이 사람들에게 강한 인상을 남겼어. 이 영상을 찍은 유튜버는 자신이 뚜렛증후군을 앓고 있다고 했어. 뚜렛증후군은 눈을 깜빡이거나 얼굴을 찡그리는 등 갑작스럽고 반복적인 동작이 본인의 의지와는 관계없이 나타나는 신경질환의 일종이야.

그는 장애를 갖고 있지만 미용실에 가고 요리를 하는 등 일상생활을 하는 모습을 보여 주면서 많은 사람들에게 용기를 줬어. 이렇게 자신의 장애를 솔직하게 드러내고 편견을 극복하겠다며 다양한 영상을 올리면서 순식간에 40만 명에 가까운 구독자를 모았지. 댓글을 보면 "당신은 우리에게 삶을 일깨워 주는 천사이십니다", "형, 이번에 학교에서 롤모델 형으로 했어" 같은 내용이 많아.

그런데 반전이 있었어. 과거에 그와 같은 학교를 다녔다고 밝힌 한 네티즌이 "10년 전에 틱 장애가 하나도 없었다. 돈을 벌기 위해 뚜렛증후군을 앓는 척한 것 같다"는 내용의 댓글을 남겨 조작 의혹을 제기한 거야. 논란이 커지자 이 유튜버는 자신이 뚜렛증후군을 앓는 건 사실이지만 증상을 과장했다고 밝히며 사과했어.

유튜브에는 이런 식의 '어그로' 영상이 많아. '어그로'는 '어그레시브 Aggressive'에서 따온 말로 온라인 게임 용어로 처음 쓰이기 시작했지. 지금은 주로 사람들의 관심을 끌기 위해 거짓 연출을 하거나 무리한 과장을 하는 모습을 가리켜. 사람들을 속이는 행위 그 자체로도 문제이지만 누군가에게 크나큰 피해를 주는 경우도 있어. 어떤 유튜버는 치킨 프랜차이즈 가게에서 치킨을 배달시켜 먹방을 했는데, 배달원이 치킨을 몰래 먹은 흔적을 발견하고 분노하는 영상을 올렸어. 이 유튜버가 전화로 항의를 했지만 점포 운영자는 불친절한 태도를 보이고 제대로 환불을 해 주려고 하지도 않았지.

그런데 이 영상도 사실이 아니라 연출된 내용으로 밝혀졌어. 프랜차이즈 업체에서 영상이 사실과 다르다고 밝히며 법적 대응을 예고하자 그제야 이 유튜버는 영상을 지우고 사과했지. 그가 올린 사과 영상의 조회 수가 무려 700만 회가 넘을 정도였으니 얼마나 큰 파장을 남긴 사건인지 가늠할 수 있겠지?

일부 유튜버는 코로나19 사태까지도 이용해 '어그로'를 끄는 영상을 만들었어. "여러분 저는 우한에서 왔습니다. 저는 폐렴입니다. 모두 저한테서 떨어지세요!" 지하철 안에서 한 남자가 갑자기 기침을 심하게 하며 이렇게 소리쳐. 이 영상을 만든 유튜버는 코로나19의 발원지인 중국 우한에서 오지도 않았고 폐렴 증세를 불러오는 코로나19에 감염되지도 않은 것으로 밝혀졌어. 그러니까 이 영상은 사람들이 놀라는 반응을 유도하기 위해 만든 '어그

로'였던 거야. 당시 그 자리에 있던 시민들은 영문도 모른 채 공포를 느껴야 했지.

사람들이 붐비는 기차역에서 코로나19 환자가 발생한 것처럼 꾸민 몰래카메라 영상을 찍다가 경찰에 붙잡힌 유튜버도 있었어. 영상에서는 방역복을 입은 사람들과 한 남성의 추격전이 벌어져. 마치 방역 당국 관계자들이 도망가는 확진자를 쫓는 듯한 상황을 연출해서 많은 사람들이 놀라고 당황했지.

유튜브에는 이 외에도 영상의 수위가 지나치게 높거나 자극적이고 선정적인 콘텐츠가 많아. 유튜브에서 욕설을 하는 영상이나 노출을 많이 하는 영상, 혹은 너무 엽기적이거나 징그러운 내용을 담은 영상을 본 기억이 다들 한 번쯤 있을 거야. 동물을 때리거나 괴롭히는 영상도 늘고 있지. 동물 보호 시민 단체인 카라KARA가 시민 2,055명을 대상으로 설문 조사를 해 보니 응답자의 70%가 동물 학대 영상을 본 적이 있다고 밝힐 정도였어.

TV 방송에 '어그로'가 더 적은 이유

유튜브에 이렇게 사람들을 속이거나 지나치게 자극적인 면을 부각하는 '어그로' 콘텐츠가 많은 이유는 '돈'이 되기 때문이야. 유튜브는 영상 조회 수에 비례해서 광고 수입을 얻는 구조잖아. 실시간 방송에서는 자극적인 행동으로 후원인 슈퍼챗을 받을 수도 있지. 사람들의 눈길을 끄는 자극적이고 선정적인 콘텐츠를 만들어 조회 수를 높이면 그만큼 유튜버가 많은 돈을 벌 수 있어.

그런데 TV에서는 이 정도로 문제가 심각한 콘텐츠를 찾아보기 힘든 반면, 유독 유튜브에 넘쳐 나는 이유는 무엇일까? TV 방송은 특정한 요건을 갖춘 방송사들만이 콘텐츠를 만들 수 있는 자격을 얻기 때문에 사업자 차원에서 책임 의식을 갖고 콘텐츠를 만들고, 책임을 다하지 않으면 규제를 피할 수 없어.

방송사는 TV에 방송을 내보내기 전에 각 방송사의 심의 부서에서 내용을 심의해. 주로 도를 넘은 내용은 없는지 살펴보면서, 일부 내용은 다시 편집을 하라고 요청하는 식이야. 방송 뉴스나 시사 프로그램의 경우에는 '데스크'라 불리는 높은 직책의 기자나 PD가 내용이 사실인지 아닌지, 충분히 취재를 한 건지 검토하는 절차를 거쳐.

그리고 방송을 내보낸 이후에도 문제가 되면 심의를 받고 있어. 방송통신심의위원회라는 기구에서 자체적인 모니터링과 시청자 민원을 바탕으로 방송을 심의하게 돼. 제작진이 직접 이 기구를 찾아와 재판을 받는 것처럼 왜 이런 콘텐츠를 만들었는지 진술하는 절차도 거쳐야 하지. 심의 결과로 중징계를 받게 되면 방송사들이 감점을 받거나 벌금을 내야 하는 경우도 있어. 실제

로 한 음악 오디션 프로그램에서 순위 조작을 한 사건이 벌어지자 방송통신심의위원회는 해당 방송사에 총 1억 2,000만 원 규모의 과징금을 내라고 결정했지.

이렇듯 TV 방송은 심의 과정에서 선정적이고 자극적인 콘텐츠가 대부분 걸러지고, 제작하는 사람들도 이 심의를 의식하며 콘텐츠를 만들어. 방송에서 욕설 등이 그대로 나오지 않고 '삐' 처리되는 이유도 이 때문이야. 반면에 유튜브에는 누구나 자신이 만들어 올리고 싶은 영상을 제약 없이 올릴 수 있잖아. 인터넷 콘텐츠도 심의를 받긴 하지만 정부가 규제를 하는 방송이 아니라 인터넷 공간에서 벌어지는 일이기 때문에 법적으로 강제성은 없어. 그래서 욕설은 물론이고 온갖 문제가 많은 콘텐츠들이 쏟아지고 있는 거지.

그래도 분명 유튜브가 각종 조치를 취하고 있을 텐데, 왜 문제가 많은 유튜브 영상들이 우리 눈에 이렇게 자주 보이는 걸까? 우선 유튜브의 가이드라인이 기존 방송사들보다 느슨하기 때문이야. 유튜브는 인터넷 서비스이기 때문에 사람들의 자유로운 표현을 중시하고, 콘텐츠를 대하는 태도도 조금 더 개방적이야. 그리고 전 세계에서 수없이 많은 영상들이 시시각각 올라오는 상황에서, 모든 영상을 일일이 검열하는 것은 현실적으로 어려울 수밖에 없지. 그래서 AI 알고리즘을 통해 걸러내고 있지만 앞서 말했듯 아직은 불완전한 수준이야.

유튜버의 영향력이 사회를 바꾼다

그렇다면 어떻게 해야 이 문제를 개선할 수 있을까? 우선 이용자인 우리부터 나쁜 콘텐츠에 힘을 실어 주지 말아야 해. 일부 유튜버들이 자극적인 콘텐츠를 만드는 이유는 이를 통해 많은 조회 수를 얻어 수익을 올릴 수 있기 때문이잖아. 그렇다면 반대로 사람들이 외면하는 콘텐츠를 만들면 돈을 벌 수 없겠지? 이용자들이 자극적인 콘텐츠를 클릭하지 않고 적극적으로 신고하는 등, 부적절한 콘텐츠를 만드는 유튜버들을 외면한다면 유튜브라는 생태계가 건강해지는 데 보탬이 될 거야. 배달원이 치킨을 몰래 먹었다고 거짓말을 한 유튜버가 운영하는 채널의 경우, 거짓이 드러나고 나서 30만 명이 넘는 사람들이 구독을 취소했다고 해. 매우 의미 있는 실천이었다고 생각해.

그리고 무엇보다 영상을 만드는 유튜버 스스로 자신의 사회적 책무를 고민할 필요가 있어. 방송사들이 제작하는 콘텐츠가 까다로운 심의를 받는 이유는 그만큼 방송이 사람들에게 미치는 영향력이 크기 때문이야. 인터넷이 등장하기 전에는 대부분의 사람이 TV가 미디어의 전부라고 생각할 정도로 그 영향력이 막강했지. 그런데 지금은 상황이 많이 달라졌잖아. 이제 잘나가는 유튜브 채널은 웬만한 방송사 못지않은 영향력을 갖게 됐어. 그래서 인터넷 콘텐츠도 지금보다 규제를 강화해야 한다는 논의가 이뤄지고 있기도 해. 현실적으로 기존 방송처럼 까다롭게 규제할 수는 없겠지만, 적어도 규모와 파급력이 큰 유튜버들은 마땅히 그 영향력에 걸맞은 책임감을 지녀야 해.

미국에 타일러 오클리라는 유튜버가 있어. 그는 주로 일상을 영상으로 만들어 올리는데 자신이 성소수자라는 사실을 굳이 숨기지 않았지. 어느 날 한 성소수자 구독자가 사회적인 편견으로 삶이 너무 힘들 때마다 그의 영상을 시청한다는 메시지를 남겼어. 타일러 오클리는 이 메시지를 보고 나서 자신이 사회적인 책임을 갖고 있다고 느끼기 시작했다고 해. 이때부터 그는 어떻게 하면 성소수자에 대한 사람들의 인식을 좋게 바꿀 수 있을지 고민하면서 관련 영상을 주기적으로 올리고 있어. 유튜브 공간에는 돈을 벌기 위해 '어그로'를 끄는 유튜버들이 많지만, 타일러 오클리처럼 자신이 가진 영향력을 좋은 일에 쓰기 위해 노력하는 유튜버들도 있지.

여러분 중에도 이미 유튜버로 활동하고 있거나, 유튜버를 꿈꾸는 친구들이 많을 거야. 유튜버가 자신이 지닌 영향력을 어떻게 쓰느냐에 따라 우리 사회를 더 좋은 방향으로 이끌어 갈 수도 있고, 반대로 망칠 수도 있다는 사실을 꼭 기억하면 좋겠어.

만약 내가 혐오 표현 피해자라면?

영화는 영화일 뿐이라고?

여러분은 '조선족'(중국에 사는 우리 민족)을 떠올리면 어떤 모습이 그려져? 아마 대부분 조선족이라 불리는 중국 동포를 직접 만나 이야기를 나눠 보지는 못했을 거야. 대신 영화나 드라마를 통해 간접적으로 접해 왔겠지. 우리나라 영화나 드라마 속에서 조선족은 대부분 흉악한 건달이나 범죄자 캐릭터로 등장하곤 해. 2017년 개봉한 영화 〈청년 경찰〉은 중국 동포가 많이 이주해 와 살고 있는 서울 대림동을 배경으로 하고 있어. "이 동네, 조선족들만 사는데 밤에 칼부림도 많이 나요. 여권 없는 범죄자들도 많아서 경찰도 잘 안 들어와요. 웬만해선 길거리 다니지 마세요." 작품 속에 등장하는 대사야. 짤막한 대사만 봐도 영화가 중국 동포를 어떻게 그려 내고 있는지 알 것 같지?

이 영화는 500만 명이 넘는 관객 수를 돌파하며 흥행했는데, 그만큼 논란의 중심에 서기도 했어. 국내에 거주하는 중국 동포들이 이 영화가 중국 동포에 대한 편견과 차별을 조장한다고 문제를 제기한 거야. 실제로 영화가 개봉된 이후 대림동에 사는 중국 동포 자녀들이 학교에서 따돌림을 당하는 경우가 있었고, 동네 자체에 대한 편견이 심해져서 그 일대 가게들의 매출도 줄었다고 해. 참다못한 중국 동포들이 영화 제작사를 상대로 손해 배상을 요구하는 소송을 제기할 정도였어.

결과는 어떻게 됐을까? 2심 재판부는 영화 제작사에 중국 동포들을 부정적으로 묘사한 것에 대해 사과하라는 권고를 내렸어. 제작사는 이를 받아들여 "조선족 동포에 대한 부정적 묘사로 인해 불편함과 소외감을 느끼게 한 데 사과의 뜻을 전한다"며 "앞으로 특정 집단에 대한 편견이나 반감을 일으킬 소지가 있는 혐오 표현이 없는지 충분히 검토하겠다"고 밝히면서 일단락됐지.

영화 제작사는 사과를 하면서 '혐오 표현'이라는 말을 썼어. 재판 과정에서 영화 속 표현이 혐오 표현에 해당하는지가 쟁점이었는데, 제작사가 이 문제를 인정한 거야. 다들 혐오 표현이라는 말을 한 번쯤 들어 본 적 있지? 그런데 막상 어떤 뜻인지 설명하라고 하면 정의 내리기 쉽지 않을 거야. 국가인권위원회에 따르면, 혐오 표현이란 "어떤 개인·집단에 대해 그들이 사회적 소수자로서의 속성을 가졌다는 이유로 그들을 차별·혐오하거나 그들에 대한 차별·적의·폭력을 선동하는 표현"을 뜻해.

우리 사회에서는 소수자나 약자에 해당하는 중국 동포, 이주민, 여성, 장애인, 성소수자 등에 대한 편견이 담긴 표현을 혐오 표현으로 분류할 수 있어. 예를 들어 회사에서 남성 상사가 "여성 직원은 돈을 덜 받는 게 당연하다"고 말한다거나, 종교계 인사가 "동성애는 비정상"이라고 말하는 건 혐오 표현에 해당해.

사회적으로 힘이 있는 사람들에 대한 혐오 표현도 있지 않냐고? 물론 정치인이나 재벌에 대한 편견을 담은 표현도 존재하지만, 그것만으로 실제 현실에서 이들에 대한 심각한 차별 행위가 일어날 가능성은 거의 없기 때문에 이런 표현을 혐오 표현이라고 규정하지는 않아.

혐오 표현에도 종류가 있는데 크게 '모욕형 혐오 표현'과 '선동형 혐오 표현'으로 나눌 수 있어. '모욕형 혐오 표현'이란 특정한 대상을 비하하거나 편견을 드러내는 표현을 말해. 여성들이 소비를 과하게 하고 허영심이 있는 것처럼 규정하는 '김치녀', '된장녀'라는 표현이 대표적이야. 일본에서는 일제강점기를 전후해 일본에 거주하게 된 재일 조선인들을 향해 '김치 냄새가 난다'고 얘기하며 괴롭힌 경우도 많다고 해. 이 또한 혐오 표현에 해당하지.

'선동형 혐오 표현'은 특정 집단에 대한 차별과 폭력을 직접적으로 부추기는 표현이라고 할 수 있어. 일본의 우익 세력 가운데 극단적인 주장을 하는 사람들이 재일 조선인을 '바퀴벌레'라고 부르면서 몰아내야 한다고 주장한 것처럼 말이야.

혐오 표현은 '어그로'보다 더 심각해

앞서 유튜브에서 '어그로'를 끌기 위한 선정적이고 폭력적인 문제 콘텐츠에 대해 알아봤잖아. 그런데 혐오 표현이 담긴 콘텐츠를 따로 설명하는 이유는 단순히 '어그로'를 끄는 것과는 다른 문제를 지니고 있기 때문이야. 혐오 표현이 담긴 영화로 인해 중국 동포들이 피해를 입었던 것처럼, 이는 사회적으로 소수자이거나 약자인 사람들에 대한 편견으로 더 폭넓게 이어질 수 있거든. 사람들이 편견을 가지면 어떻게 될까? 이 편견을 토대로 실제로 차별이 이루어지고, 심각하게는 정서적·물리적으로 피해를 주면서 범죄까지 일으킬 수 있지. 특히 한 사회에서 선동형 혐오 표현이 잦아지면 집단적인 폭력 행위가 벌어지기도 해. 독일 나치가 자행한 홀로코스트에 대해 들어 본 적 있어? 나치는 유태인을 혐오했고, 그들을 대상으로 역사상 가장 잔인한 학살을 벌였어. 홀로코스트와 함께 3대 학살로 불리는 아르메니아 대학살, 알제리 대학살 역시 혐오 표현과 관련이 있지.

그래서 세계적으로 혐오 표현은 그냥 내버려 두지 않는 경우가 많아. 나치를 겪었던 독일은 아예 인종차별, 나치 찬양 등 특정한 혐오 표현을 못하도록 법으로 금지하고 있어. 우리나라에서도 혐오 표현에 대항하는 '차별금지법'을 제정하자는 논의가 이뤄지고 있지만 아직 정식 법이 되진 못했어.

아직 혐오 표현 그 자체를 규제하는 건 아니지만, 혐오 표현이 누군가의 명예를 훼손하거나 모욕을 주기 때문에 현행법상 명예훼손죄, 모욕죄 등의 이유로 처벌되는 경우가 적지 않아. 최근에는 혐오 표현에 대해 경각심을 가져야 한다는 사회적인 인식이 커지면서, 명예훼손이나 모욕 등에 혐오 표현이 담겼다면 더 강하게 처벌하는 판결이 나오는 추세야.

온갖 혐오 표현의 집결지

그렇다면 혐오 표현은 얼마나 많이 나타나고 있을까? 한국 인사이트연구소에서 2020년 1~5월 유튜브, 인스타그램, 트위터, 블로그 글을 분석한 결과, 장애인 혐오를 담은 글이나 콘텐츠가 594만 건에 달했다고 해. 이 외에도 인종차별 187만 건, 성소수자 혐오 43만 건, 여성 혐오 24만 건, 특정 종교 혐오 9만 건, 지역 혐오 6만 건 순으로 나타났어.

이처럼 인터넷 전반에서 혐오 표현이 쏟아지고 있는 가운데, 우리가 즐겨 이용하는 서비스인 유튜브가 차지하는 비중은 상당히 커. 2020년 서울시 여성가족재단이 서울 시민 3,000명을 대상으로 여성 혐오 표현을 접한 경로를 조사한 적이 있어. 그 결과 유튜브 등 동영상 공유 사이트를 통해 여성 혐오 표현을 접했다는 응답이 무려 41.1%로 나타났지. 유튜브에는 여성 혐오 표현이 적나라하게 담긴 제목을 내건 영상들이 쏟아지고 있는데, 여성을 돈만 밝히고 책무를 다하지 않는 '김치녀'로 규정한 뒤에 이들에게 복수하는 내용이 주가 되고 있어.

코로나19 확산이 시작되면서 발원지인 중국에 대한 혐오가 번지기도 했어. 일부 유튜버들은 우리나라에서 중국인들이 많이 거주하는 대림동이 안전하지 않다고 주장하거나, 중국에서 우리나라로 입국하지 못하게 막아야 한다고 목소리를 높이면서 혐오 표현을 쏟아 냈어. 중국인들이 우리나라 포털 사이트에서 거대한 여론 조작을 한다는 식의 '차이나 게이트' 주장도 나왔지만 제대로 된 근거가 없는 음모론이었지.

이렇듯 혐오 표현은 가짜 뉴스와도 밀접한 관련이 있어. 특정 집단을 멸시하고 편견을 강화하는 과정에서 사실을 부풀리거나 실제로 존재하지 않는 일을 날조하는 경우가 있기 때문이야. 동성애를 죄악시하는 일부 극단적인 사람들이, 차별금지법이 제정되고 나면 "동성애는 죄라고 설교했을 때 처벌받게 된다", "동성결혼 주례를 거부하면 감옥에 가게 된다"는 식의 가짜 뉴스를 만들어 유튜브와 각종 SNS에 적극적으로 유포한 일도 있었어. 세계적으로 난민의 수가 늘어나고 우리나라에도 이주해 오게 되었을 때, 난민과 상관없는 범죄를 난민이 일으킨 범죄라고 조작한 영상이 세계 곳곳에서 제작되며 무분별한 공포심과 적대감을 일으킨 사례도 있지.

유튜브는 나의 '거울'

그렇다면 우리는 이러한 혐오 표현에 어떻게 대처해야 할까? 유튜브를 포함한 온라인 공간에서 혐오 표현을 접하게 된다면, 상대방의 입장이 되어 생각해 보는 '역지사지'의 태도를 지닐 필요가 있어.

"어디 아침부터 남자가 인상을 써?", "남자 목소리가 담장을 넘으면 패가망신한다는 말이 있어." 코미디언 김숙이 TV 예능 프로그램에서 실제로 했던 말들이야. 어때? 남자인 친구들은 김숙의 말이 불편하게 느껴질 수 있을 거야. 그런데 사실 이 말들은 우리 사회에서 여성을 두고 흔히 쓰이던 표현이야. 앞서 언급한 말에 남성들이 불편함을 느낀다는 건 그만큼 우리 사회에 여성에 대한 차별적인 인식이 넘쳐 난다는 뜻이라고 할 수 있지.

우리 사회에서 난민에 대한 공포감이 극에 달했을 때, 인터넷 언론 《직썰》은 만약 한국인이 난민이 된다면 외국인이 우리를 어떻게 바라볼지 상상해서 만화를 제작했어. 만화 속에 등장하는 외국인들은 한국 난민 입국을 반대하면서 "한국인들은 개고기를 먹는 야만족이야.", "한국 남자들은 모두 군대에서 훈련받은 무시무시한 살인 병기야." 같은 혐오 발언을 쏟아내. 단편적인 사실을 부풀려서 왜곡하고 있다는 생각이 들지? 만약 만화 속 내용처럼 외국인들이 우리나라 사람들에 대해 왜곡되고 부정적인 인식을 갖게 되고, 그로 인해 우리가 현실에서 차별당한다고 생각하면 정말 끔찍해.

이처럼 입장을 바꿔 생각해 보면 상대방의 처지를 이해할 수 있어. 앞으로 우리가 유튜브 콘텐츠나 댓글을 통해 접하는 표현이 혐오 표현은 아닌지 생각해 보고 역지사지하는 태도를 가졌

으면 해. 만약 내가 대림동에 사는 중국 동포라면, 내가 동성애자
라면 나를 향한 혐오 표현을 보고 웃어넘길 수는 없을 거야.

세상엔 다양한 삶의 방식이 있어
- 함박TV & 프응TV -

유튜브는 우리 스스로가 주인공인 세상이야. 방송사 제작진이 내용을 결정하는 TV와 달리 각계각층의 사람들이 다양한 목소리를 낼 수 있지. 유튜브를 통해 다양한 삶을 보여 주고 자신들의 이야기를 하는 채널, '함박TV'와 '프응TV'를 소개할게.

TV에서 보여 주지 않는 장애인의 '사생활' – 함박TV

Q. 함박TV는 어떤 채널인가요?

A. 장애인 유튜버 함정균 씨가 운영하는 채널이야. 그는 유튜브를 통해 장애인으로서 자신의 일상을 보여 주고, 장애인의 권리를 위한 활동을 하고 있어. 원래 이분 직업은 마술사였어. 포털에 이름을 치면 프로필이 나올 정도로 명성이 있는 분이야. 2013년 오토바이 사고로 척수 장애 판정을 받으면서 휠체어를 타고 생활하게 됐어. 장애를 갖게 되면서 장애인들이 겪는 불편함과 고충을 적극적으로 알려 사람들의 인식을 바꿔야겠다는 생각이 들었다고 해.

Q. 어떤 콘텐츠를 만들어 올리시나요?

A. 영상 리스트를 살펴보면 수도권 지하철역 안에서 찍은 내용들이 많아. 휠체어를 타고 장애인이 어떤 동선으로 환승을 하는지 보여 주는 영상으로 장애인들에게 내비게이션과 같은 역할을 하고 있어. 비장애인들은 지하철역에서 환승할 때 불편한 점을 크게 느끼지 못할 거야. 그런데 장애인은 한번 환승하려면 비장애인들이 1~2분이면 환승이 가능한 구간도 20분 이상 걸릴 때가 많아. 계단을 이용하지 못하고 엘리베이터와 리프트가 있는 곳에서만 이동이 가능하기 때문이야. 가는 방법도 제약이 큰데 안내조차 제대로 돼 있지 않아서 길을 잃어버리기 쉽다고 해.

이 채널의 영상에서는 이동하는 모습을 보여 줄 뿐 아니라 화살표 표시와 함께 "이쪽으로 나가면 됩니다"라는 자막을 넣는 식으로 친절하게 설명하고 있어. 그리고 환승하는 데 걸린 시간과 위치, 주의 사항까지 꼼꼼히 담아서 전해 주지. 원래 이 콘텐츠는 다른 사람들에게 보여 주려고 만들었던 게 아니었어. 전동 휠체어를 타고 처음 지하철 환승을 할 때 30분 이상 헤매고 있는 자신을 발견하고, 앞으로도 이런 상황이 반복될 것 같아서 길을 찾는 방법을 기록으로 남겨야 한다는 생각에 영상을 찍어 올리기 시작한 거야. 그런데 댓글을 통해 "혹시 다른 역 정보는 없나요"라는 문의가 이어지는 걸 보고 제대로 한번 만들어 보자는 생각을 하게 됐다고 해.

Q. 그 많은 지하철역의 환승 모습을 다 영상으로 찍은 건가요?

A. 2년 정도 시간을 들여서 서울지하철 1호선 38개, 2호선 44개, 3호선 27개를 포함해 의정부경전철, 경의중앙선, 경강선, 분당선, 신분당선 등 수도권 환승 구간을 모두 영상으로 찍어 올렸어. 환승 영상만 무려 160여 곳에 달해.

Q. 2년 동안 이런 노력을 했다니, 쉬운 일이 아니었을 텐데요.

A. 사실 중간에 포기하려 한 적도 있다고 해. 채널 규모가 크지 않다 보니 조회 수도 수익도 크지 않았거든. 그래서 중간에 몇 달 정도 포기했는데, 다시 각오를 하고 끝까지 찍게 됐어. 왜냐면 휠체어를 타는 장애인들뿐 아니라 몸이 불편한 비장애인, 유모차를 끌고 아이와 같이 이동하는 부모 들이 영상 댓글을 통해 감사 인사를 전했고 그때마다 힘을 내게 됐다고 해.

Q. 다른 교통수단으로 이동하는 콘텐츠도 있나요?

A. 대중교통을 이용한 휠체어 나들이 영상이라는 이름으로 경복궁, 국립중앙박물관, 한국민속촌 등 명소에 나들이 가는 모습을 영상으로 찍어 올리기도 했어. 그런데 버스를 탈 때도 고충이 있더라. 높이가 낮고 계단이 없는 저상버스만 휠체어를 타고 탑승할 수 있는데, 이런 버스는 5대 중에 1대밖에 운영되고 있지 않아. 게다가 정류장에 불법 주차된 차가 있으면 버스가 정류장에서 떨어져 멈추는데 이러면 휠체어를 위한 발판을 뺄 수 없어. 제대로 정차해도 발판이 고장 나서 버스가 그냥 떠나 버린 경우도 많았어. 그래서 어떤 날은 1시간 30분을 버스 정류장에서 기다려야 했지.

Q. 그런 내용은 TV 방송에는 잘 나오지 않아요.

A. 맞아. 함정균 씨는 미디어가 장애인의 일상을 보여 주는 데는 소홀하다고 지적해. 예를 들어서 SBS 드라마 〈스토브 리그〉에서 주인공 동생이 장애인으로 나온 점은 의미 있는데 '그가 대중교통을 타고 이동하면서 동료들과 대화하는 장면을 내보냈다면 어땠을까?' 하면서 아쉬워하더라. 이런 장면을 봤다면 사람들이 저상버스의 중요성을 알게 될 거고, 저상버스 기사들이 버스 발판이 고장 났는지 아닌지 미리 체크해 볼 생각을 할 수 있게 되겠지?

농사짓는 유튜버가 있다고? - 프응TV

Q. 프응TV는 어떤 채널인가요?

A. 청년 농튜버 김국연 씨가 운영하고 있는 채널이야. 농튜버라는 표현이 낯설 수 있겠다. 바로 농사 유튜버의 줄임말이야. 요즘 농튜버들이 많이 늘었어. 유튜브의 통계를 보면 2019년 농사 관련 채널의 조회 수는 전년도 대비 3배 이상 증가했다고 해. 아무래도 사회적으로 귀농·귀촌에 대한 관심이 높아지면서 유튜브상에서도 농업 콘텐츠에 대한 관심이 높아진 것으로 보여.

Q. 어떤 계기로 유튜브를 시작하게 됐을까요?

A. 사람들의 오해를 없애기 위해 유튜브 활동을 하게 됐어. 뉴스에 '가짜 꿀'이 보도되면 소비자들은 모든 꿀이 가짜 꿀이라고 생각하는 경향이 있다고 해. 하지만 억울한 경우가 많아서 인식을 개선할 필요가 있다고 생각한 거야. 그래서 가짜 꿀 감별법을 알려 주는 영상을 만들었는데 조회 수 100만 회를 넘을 정도로 큰 관심을 받았어.

Q. 꿀도 진짜, 가짜가 있어요?

A. 영상을 보면 일단 꿀의 정의부터 설명해 줘. 꿀이란 벌이 꽃이나 풀에서 나는 단물을 먹고 자신의 몸속에 있는 효모와 함께 비벼서 뱉어 낸 것인데, 종종 벌에게 바로 설탕을 먹여서 만든 꿀이 자연산으로 둔갑하는 경우가 있어. 설탕을 먹여 만든 꿀은 사양벌꿀이라고 표기해야 하는데, 자연산 꿀이라고 속여 파는 거야.

사양 꿀은 어떻게 감별할 수 있을까? 보통 사람들이 꿀에서 가루가 생기면 설탕 꿀 아니냐고 하면서 환불을 요구하는 경우가 많다고 해. 하지만 이 가루는 포도당 함량이 높을 때 생기는 것으로, 오히려 설탕으로 된 꿀은 웬만큼 낮은 영하 온도가 아니고서는 가루가 생기지 않아. 반대로 자연산 꿀은 영상 12도쯤 되면 가루가 생겨.

Q. 영상을 보면 양봉을 어떻게 하는지 알 수 있겠네요?
A. 맞아. 우리에게 꿀은 익숙하지만 양봉을 하는 과정을 잘 알지는 못하잖아. 그래서 양봉 작업을 하는 모습 자체가 흥미롭게 느껴지더라. 벌통 안의 꿀을 꺼내는 '채밀' 장면을 담은 영상이 있는데, 통 안에 꿀이 꽉 찬 모습이 나와. 이 모습이 신기했는지 무려 조회 수 404만 회를 기록할 정도로 인기가 많았어. 아카시아꿀을 채취하는 과정을 보여 주는 영상도 많은 사람들의 주목을 받았지. 이런 모습을 보면서 우리가 먹는 꿀을 만들기 위해 생각보다 많은 정성이 들어간다는 사실을 알게 돼.
영상에는 꿀벌만 등장하는 게 아니라 꿀벌을 괴롭히는 다른 곤충과 동물 들도 나와. 특히 주기적으로 말벌이 나타나서 꿀벌들을 괴롭혀. 프응TV에서는 꿀벌을 지키기 위해 말벌을 잡는 모습을 영상으로 담기도 했어. 두꺼비가 갑자기 나타나 꿀벌들을 사냥하려는 모습을 담은 영상도 있어. 마치 생생한 동물 다큐멘터리를 보는 느낌이 들더라.
이렇게 농사짓는 유튜버의 영상을 통해서 멀게만 느꼈던 농사의 세계를 가까이 접하고, 더 다양한 진로를 상상할 수도 있겠지.

북트리거 포스트

북트리거 페이스북

안녕, 내 이름은 유튜브!
알고 할래, 그냥 할래?

1판 1쇄 발행일 2021년 3월 15일

지은이 금준경
펴낸이 권준구 | 펴낸곳 (주)지학사
본부장 황홍규 | 편집장 윤소현 | 팀장 김지영 | 편집 양선화
기획·책임편집 양선화 | 디자인 정은경디자인
마케팅 송성만 손정빈 윤술옥 이혜인 | 제작 김현정 이진형 강석준 방연주
등록 2017년 2월 9일(제2017-000034호) | 주소 서울시 마포구 신촌로6길 5
전화 02.330.5265 | 팩스 02.3141.4488 | 이메일 booktrigger@naver.com
홈페이지 www.jihak.co.kr | 포스트 http://post.naver.com/booktrigger
페이스북 www.facebook.com/booktrigger | 인스타그램 @booktrigger

ISBN 979-11-89799-44-1 43300

북트리거

트리거(trigger)는 '방아쇠, 계기, 유인, 자극'을 뜻합니다.
북트리거는 나와 사물, 이웃과 세상을 바라보는 시선에 신선한 자극을 주는 책을 펴냅니다.